KLETT

ALTSPRACHLICHE TEXTE

M. Tullius Cicero
De re publica

bearbeitet von
Heinz Gunermann

Teil 1: Textauswahl mit Wort- und Sacherläuterungen

Ernst Klett Schulbuchverlag Leipzig

Leipzig Stuttgart Düsseldorf

M. Tullius Cicero: De re publica

bearbeitet von Heinz Gunermann

Teil 1:	Textauswahl mit Wort- und Sacherläuterungen	Klettbuch 63611
Teil 2:	Arbeitskommentar mit Zweittexten	Klettbuch 63612
Gesamtausgabe	(Teil 1 + Teil 2)	Klettbuch 6361

Umschlagbild:
Das Forum Romanum in einer Rekonstruktion des 19. Jh. vom vermutlichen Aussehen zur Kaiserzeit. Im Ausschnitt u. a: der Tempel des Juppiter Capitolinus (links hinten), das Staatsarchiv (hinten Mitte) und die Rostra (vorn Mitte).

1. Auflage 1 15 14 13 | 2019

Alle Drucke dieser Auflage können im Unterricht nebeneinander benutzt werden, sie sind untereinander unverändert. Die letzte Zahl bezeichnet das Jahr dieses Druckes.

Internetadresse: http://www.klett-verlag.de

Redaktion: Eva Dorothea Boder

Umschlag: nach einem Entwurf von Neil McBeath, Stuttgart
Satz und Druck: medienHaus Plump GmbH, Rheinbreitbach

ISBN 3-12-636110-2

Inhalt

Anlage des Textbandes

Zur **Textauswahl** vgl. die Übersicht S. 15–17.

In den **Worterläuterungen** werden die Wörter des Grundwortschatzes, ,Grundwortschatz Latein nach Sachgruppen' (Klettbuch 6043), vorausgesetzt, sofern sie nicht in einer vom Textzusammenhang bestimmten speziellen Bedeutung auftreten. Hinweise zum Satzbau werden mit dem Zeichen **Sb** angezeigt; **AK** verweist auf den „Arbeitskommentar".

Der **Lernwortschatz** (80 häufiger in diesem Text vorkommende Vokabeln) wird zum Lernen empfohlen, um den Lektürefluß zu befördern. (Die Mehrzahl der Vokabeln wird auch in anderer Lektüre häufiger begegnen.) In den Worterläuterungen wird ein „Lernwort" durch Sternchen * angezeigt, die beigefügte Nummer verweist auf die Gruppe des Lernwortschatzes, in der das Wort mit seiner Bedeutung zu finden ist (z. B. **gubernātiō *2**; nicht fett gedruckt: Grundwortschatz-Vokabel im Lernwortschatz).

Die **Textgestaltung** folgt der Ausgabe: M. Tulli Ciceronis scripta, Fasc. 39 De re publica libri sex, rec. K. Ziegler, Leipzig (Teubner) ⁴1969. Herangezogen wurden außerdem: Büchner, K.: M. Tullius Cicero, De re publica / Über das Gemeinwesen, lateinisch–deutsch, Stuttgart (Reclam) 1979, und: Büchner, K.: M. Tullius Cicero, De re publica. Kommentar, Heidelberg (Winter) 1984 (einzelne Abweichungen von der zweisprachigen Ausgabe).
Die Interpunktion folgt i. a. den Regeln des Deutschen, die Orthographie wurde teilweise an die in Schultexten übliche angeglichen.

Zur Einführung

Der Autor

M(arcus) T(ullius) Cicero (106–43) entstammte wie C. Marius dem Ritterstand von Arpinum, einem Munizipium im Lande der Volsker, etwa 100 km südlich von Rom gelegen. Diese Herkunft bestimmte kaum für eine politische Karriere in der Hauptstadt, und doch wurde Marius (der Sieger über Germanen und Neuorganisator des römischen Heeres) siebenmal Konsul, Cicero erreichte durch Ehrgeiz und ungewöhnliche Begabung alle Ämter im frühestmöglichen Jahr *(suo anno)*. Nach der Meinung der Zeitgenossen und nach seinem eigenen Urteil[1]* kam römische Beredsamkeit in ihm zur Vollendung; nie hatte ein Redner mit so umfassender Bildung, besonders auf dem Gebiet der Philosophie[2], die Rednerbühne betreten. Dem Meister der Taktik der Rede und des politischen Spiels, dem schöpferischen Künstler und originellen Denker fehlten aber politischer Weitblick und Realitätssinn des Staatsmannes. Weder in den Jahren seines Aufstiegs (75 Quästor, 69 kurulischer Ädil, 66 Prätor) noch seit seinem Konsulat (63) sah er das Ausmaß der Staatskrise ab, die sich seit dem Scheitern der Reformversuche der Gracchen (133 bzw. 123–121), der folgenden Reformversuche und der Restauration Sullas (82–79) verschärft hatte.

Der politische Hintergrund

Das Versagen des Senats vor den innen- und außenpolitischen Problemen der Zeit (Agrar- und Sozialfrage bzw. Germanen- und Seeräubergefahr u. a.) führte den Aufstieg großer Einzelpersönlichkeiten herbei (Marius seit 107, Sulla seit 88, Pompeius seit 70, Cäsar seit 60). Das Konsulat des Pompeius und des Kapitalisten Crassus (70) leitete die Auflösung der sullanischen Ordnung ein, besonders durch die Wiederherstellung der Befugnisse der Volkstribunen. Dieses Amt gewann fortan große Bedeutung im Kampf der Popularen gegen die Optimaten (die wir uns als politische Gruppierungen, keineswegs als Parteien im heutigen Sinn vorzustellen haben). Der weitere Aufstieg des Pompeius (67 *imperium infinitum* im erfolgreichen Krieg gegen die Seeräuber, 66 *imperium infinitum* im Krieg gegen Mithridates von Pontos und Tigranes von Armenien, verbunden mit dem *imperium maius* über römische Statthalter) bezeichnete eine Zeitenwende; denn der Senat gab bedeutende Befugnisse der Reichsverwaltung aus der Hand und erklärte damit das bisherige System seiner Herrschaft selbst für bankrott.

Cicero wirkte dabei durch Befürwortung der *„Lex Manilia"* (in einer überlieferten Rede) maßgeblich mit, doch wohl ohne die Konsequenzen abzusehen. Als Cicero sich bei der Bewerbung um das Konsulat gegen Catilina, der von Crassus und Cäsar unterstützt wurde, mit Hilfe der Optimaten durchgesetzt hatte (er war von den Popularen zu den Optimaten übergegangen), da schlug er zwar die folgende Verschwörung seines Mitbewerbers nieder, aber er half

(*) Anmerkungen = Quellenangaben: s. S. 80.

während seines Konsulats, Pompeius in das Lager der Popularen zu treiben; denn er tat nichts für die Versorgung von Pompeius' Veteranen und die Anerkennung der Neuordnung des Ostens durch Pompeius. Überdies trat er dem Volkstribunen Rullus entgegen, als dieser im Auftrag Cäsars und des Crassus für die Lösung der Agrarfrage eintrat. Die Verbindung der drei Mächtigen zeichnete sich ab, nicht ohne Mitschuld Ciceros.

Die Bedeutung der Niederschlagung der Verschwörung überschätzte Cicero bei weitem. Sie war kaum ein Ereignis ersten Ranges gewesen. Sein Programm der *concordia ordinum* (unter Einschluß der *equites*), das er den Revolutionären entgegengehalten hatte, erwies sich schon Ende 63 als künstliches Gebilde ohne Aussicht auf Bestand. Hingegen wurde durch die Absprache zwischen Pompeius, Crassus und Cäsar (Triumvirat von 60) – mit dem Ziel, die genannten Anliegen des Pompeius, die Agrarreform und das Konsulat Cäsars für das Jahr 59 durchzusetzen, – die Senatsmacht weitgehend ausgeschaltet. Mit Recht bezeichnete Cato dieses Ereignis als Ende der *res publica libera.*

Mit dem Konsulat Cäsars begann eine neue Zeit. Die Herrschaft des Senats war gebrochen, die Lösung der genannten Probleme, der Cicero sich widersetzt hatte, wurde durchgesetzt und Widerstand brutal erstickt. In Einschätzung der von Ciceros Wortgewalt ausgehenden Gefahr betrieb der Volkstribun Clodius (eine verkommene Kreatur, einst Anhänger Ciceros) mit Duldung Cäsars die Verbannung Ciceros (58 bis 57). Er benutzte dazu den Vorwand, Cicero habe gesetzwidrig römische Bürger hinrichten lassen (nämlich bei Niederschlagung der Verschwörung). Auch nach seiner Rückberufung konnte Cicero keine eigenständige Politik betreiben. Zwar verteidigte er 56 v. Chr. mit Erfolg Sestius, der Clodius *de vi* (wegen Gewaltanwendung) angeklagt hatte, weil er mit einem Schlägertrupp dem Bandenwesen des Clodius entgegengetreten war, aber sein bei dieser Verteidigungsrede entwickeltes Programm des *consensus bonorum* („Übereinstimmung der Gutgesinnten") blieb ohne Erfolg. Diesem Programm nach – wenn es als ein solches gelten soll – war optimatische Politik der einzige Weg für anständige Bürger. Sie bestand für Cicero in der Wahrung der von den *maiores* geschaffenen Ordnung der *res publica,* nach der allein dem Senat die Staatsführung zukam. Denjenigen, die der politischen Vernunft des Senates und dem Ansehen der Gutgesinnten entgegentraten, die die Einrichtungen der Vorfahren mißachteten und der unwissenden Menge schmeichelten, sagte er Scheitern voraus. Die *boni* aber rekrutierten sich aus allen politisch relevanten Schichten und allen Teilen Italiens.

Die Ereignisse führten über dieses Programm rasch hinweg. Die *tres viri* erneuerten 56 zu Lucca und Ravenna ihren Bund und beherrschten die politische Szene. Cicero mußte sich Cäsar und Crassus annähern; in einer Rede (*De provinciis consularibus,* i. J. 56) trat er für die Verlängerung von Cäsars Prokonsulat ein. Er hatte sich in eine so unglückliche Lage gebracht[3], daß er die Politik anderen überlassen und sich der Tätigkeit, für die ihn seine Begabung bestimmt hatte, zuwenden mußte: der philosophischen Schriftstellerei. In ihr fand er Trost.[4]

Die Szenerie der Erörterung über den Staat

In der ersten Periode seiner philosophischen Schriftstellerei (55–51) widmete Cicero sich Fragen von Rhetorik (Mittel der Politik), Politik und Staat; es entstand die Trilogie aus *„De oratore“, „De re publica“* und *„De legibus“.* Alle drei Schriften sind als Dialoge großer Männer über Fragen, deren Bedeutung über die eigene Zeit hinausreichten, gestaltet. Der Dialog *De legibus* spielt in der Gegenwart, das Gespräch *De oratore* ist in das Jahr 91, dasjenige *De re publica* in das Krisenjahr 129 und in den Kreis der Scipionen verlegt. In allen drei Werken entschied sich Cicero gegen den platonischen Dialog, in dem durch dialektisches Streitgespräch Wahrheit ermittelt wird, und für den aristotelischen Dialog mit zusammenhängendem Vortrag oder mit einem Redepaar. Für die Wahl von Zeit und Ort des Gesprächs in *„De re publica"* hatte Cicero nicht nur künstlerische, sondern auch sachlich-politische Gründe:

a) In einem in seiner eigenen Zeit gehaltenen Dialog hätte er durch seine politische Meinung bei Zeitgenossen, besonders bei Cäsar, der ihn damals mit ausnehmender Liebenswürdigkeit behandelte[5] und dessen Erfolge in Gallien er bewunderte[6], Anstoß erregen müssen. Er schrieb an seinen Bruder Quintus: „Ich verfolgte damals ... gerade dieses Ziel, daß ich nicht, indem ich auf unsere Zeit verfiel, irgend jemand verletzte."[7]

b) Mit der Verlegung um hundert Jahre zurück in den Kreis der Scipionen suchte er die Verbindung mit den Männern, die für ihn den Geist der *maiores* in Vollendung verkörperten.

Um P. Corn. Scipio Africanus minor (vgl. u.) hatten sich die bedeutendsten Männer der Zeit, die die Geschicke Roms im 2. Jahrhundert bestimmten, zusammengefunden – nicht nur zur Durchsetzung politischer Ziele, sondern auch aus gemeinsamen geistigen Interessen und dem Streben nach einer neuen Lebensform. Dieselben Männer, die nach den Katastrophen des Zweiten Punischen Krieges den Mittelmeeraum unterworfen hatten, erörterten in den Stunden des *otium* mit hochgebildeten Griechen vom philosophischen und staatstheoretischen Standpunkt aus Probleme, die als innen- und außenpolitische Folgen der Weltherrschaft zu bewältigen waren.

Zwei griechische Gelehrte, Panaitios, Vertreter der Mittleren Stoa, der die Starrheit des stoischen Systems durch Aufnahme von Gedanken Platons und des Aristoteles gemildert hatte und der den römischen Imperialismus rechtfertigte[8], und der Historiker Polybios verkehrten in diesem Kreis und genossen dort hohes Ansehen. Besonders zu Scipio standen beide in enger freundschaftlicher Beziehung.[9]

Indem man damals das Problem des Verhältnisses von Macht und Gewalt zum Recht durchdachte und so spätere politische Lösungen vorbereitete, wurden Grundlagen für das dauerhafteste Imperium der Geschichte gelegt. In diesem Kreis und in seinem durch Familienbande bestehenden Umfeld wurden in bezug auf die über die Zeit hinausweisenden Fragen gegensätzliche Meinungen vertreten: Sollte Karthago zerstört werden? Cato forderte dies, P. Corn. Scipio Nasica Corculum lehnte es ab. Waren Landreformen notwendig? Welchen Preis konnte man dafür bezahlen? Scipio Aemilianus trat hierin dem Reformer Ti. Gracchus entgegen.

Ti. und C. Gracchus waren mit den Scipionen durch ihre Mutter Cornelia, Tochter des Scipio Africanus maior, des Eroberers von Karthago (201), verwandt. Das Ausmaß der damaligen Erschütterungen zeigte sich darin, daß der plötzliche Tod des Scipio Africanus minor (129) von dessen Anhängern als Mordtat seiner Gegner interpretiert wurde.

Zu diesem Kreis also stellte Cicero die Verbindung her. Er gewann dadurch nicht nur eine ins Dichterische erhobene Szenerie. Wie Sokrates in Platons „Phaidon" das Gespräch vor seinem Tod über die Unsterblichkeit der Seele, so hinterläßt hier Scipio, der Eroberer der letzten Bollwerke gegen Roms Allmacht, mit seinen Worten über die *res publica* und ihre Unsterblichkeit vor seinem Tode ein letztes Vermächtnis: den Hinweis auf die Sendung Roms in der Geschichte.

Cicero hatte zum Kreis der Scipionen noch persönliche Verbindung über P. Rutilius Rufus, Konsul 105, der gemäß seiner stoischen Haltung der Ausplünderung der Provinz Asia entgegengetreten war und, gerade aus diesem Grunde wegen Erpressung verurteilt (!), eben dorthin in die freiwillige Verbannung ging. Als Cicero und sein Bruder Quintus ihn im Jahre 78 aufsuchten, hat er ihnen nach Ciceros Bericht die Gespräche über das Gemeinwesen im Kreis der Scipionen wiedererzählt.

Aus dem erlauchten Kreis hat Cicero die Gesprächspartner mit Bedacht ausgewählt. Es sind dies:

P. Cornelius Scipio, Enkel durch Adoption des oben genannten Scipio und leiblicher Sohn des L. Aemilius Paulus (des Siegers über die Makedonen bei Pydna 168) – Aemilianus –, Zerstörer von Karthago (146) und Numantia (133) – Africanus minor, Numantinus –, der Gastgeber und Mittelpunkt der Gesprächsrunde;

L. Furius Philus, Konsul 136, ein treuer politischer Weggenosse des Scipio Aemilianus;

G. Laelius Sapiens (190? – 129), Konsul 140, Begleiter Scipios auf dem Feldzug gegen Karthago; er nahm seine Landreformpläne wegen des Widerstandes der Nobilität zurück;

M.' Manilius, Konsul 149, bedeutender Jurist;

Q. Aelius Tubero; Neffe des Aemilianus, entschiedener Gegner der Gracchen; philosophisch und juristisch ausgebildet;

Sp. Mummius, Stoiker und Bruder des L. Mummius, des Eroberers von Korinth (146);

– ferner (in dieser Textauswahl nicht auftretend):

Q. Mucius Scaevola Augur, Konsul 117, Schwiegersohn des Laelius (durch seine Frau Laelia erfuhr Cicero viel über den Kreis um Scipio), Opfer der Wirren unter Sulla;

C. Fannius, Konsul 122, stand lange Ti. Gracchus nahe; Verfasser eines wohl an Polybios orientierten Geschichtswerkes.

Abb. 1: Das Scipionengrab
Die Familiengruft der gens Cornelia, der Familie der Scipionen, gehört zu den ersten Gräbern bei der via Appia. Die Abbildung zeigt den Sarkophag (u.) und die Ehreninschrift (Mitte) des Stammvaters der Familie, L. Cornelius Scipio Barbatus (Urgroßvater des Africanus maior), Konsul 298, sowie die Namensinschrift vom Sarkophag seines Sohnes L. Cornelius Scipio, Konsul 218 (o.).

Überlieferung und Gestalt des Werkes

Das Werk war jahrhundertelang verloren; man kannte nur Zitate, vor allem aus den Schriften der Kirchenväter Augustinus und Laktanz[10]. Dann aber machte im Jahre 1820 der Präfekt der Biblioteca Vaticana eine Entdeckung: ein Kodex des 4. Jahrhunderts war damals geglättet und neu beschrieben worden, und in der ersten Handschrift auf diesem „Palimpsest" (*codex rescriptus*) erkannte der Gelehrte Ciceros Werk *„De re publica"*. Wiedergewonnen wurden so große Teile des 1. und 2. Buches, beachtliche Teile des 3. Buches und einige Bruchstücke aus dem 4. und 5. Buch. Dies alles trat nun neben das *„somnium Scipionis"* (Epilog des ganzen Werkes), das mit einem umfangreichen Kommentar des Gelehrten Macrobius aus dem 5. Jahrhundert überliefert und bekannt war.

Dank der Entdeckung von A. Mai und ergänzender Fragmente (der o. g. Zitate) können wir heute eine recht gute Vorstellung von Ciceros Schrift gewinnen. Trotz des bruchstückhaften Überlieferungszustandes von *„De re publica"* ist die kunstvolle Architektur des Werkes erkennbar.

(I) Die beste Staatsform	*Erster Tag des Gesprächs:* Die beste Verfassung	
	Buch I	Proömium in eigener Sache Vorgespräch Die beste Verfassung – allgemein
	Buch II	Die beste Verfassung in der Geschichte: Rom
	Zweiter Tag des Gesprächs: Die Gerechtigkeit – ›recta ratio‹	
	Buch III	Proömium in eigener Sache Politik nur aufgrund von Gerechtigkeit als recta ratio möglich Lösung der Verfassungsfrage
(II) Der wahre Staatsmann	Buch IV	Auswirkung der recta ratio auf die civitas (in Einrichtungen, Sitten, Dichtkunst und Musik)
	Dritter Tag des Gesprächs: Der wahre Staatsmann	
	Buch V	Proömium (in eigener Sache?) Gestalt und Aufgabe des wahren Staatsmannes
	Buch VI	Der Staatsmann in der Krise der res publica: Somnium Scipionis

Persönlich gehaltene Proömien am Beginn von Tagesgesprächen (Büchern) nehmen Verfahren des Aristoteles, die Entrückung des Dialoges in die Vergangenheit solche des Platonikers Herakleides Pontikos (4. Jahrhundert) auf. Die aufgezeigte Komposition hat Vergil in der „Aeneis" nachgeahmt.

Abb. 2: Der codex rescriptus *(c. Vaticanus latinus 5757) mit der wieder sichtbar gemachten ersten Schrift: Ciceros „De re publica". In Spalte 1, Zeile 4 des hier gezeigten Blattes beginnt (nach der modernen Enteilung) der Paragraph 36 des ersten Buches: QUAM OB REM PETO A VOBIS... (vgl. u. S. 24).*

Die Definition des Begriffs ‚res publica'

Umschreibungen dessen, was die Römer ideell und materiell unter *res publica* verstanden, finden wir bei Cicero mehrmals.[11] Die Staatsdefinition in De re p. I bleibt für die gesamte weitere Erörterung Orientierungspunkt. Sie ist in drei Stufen aufgebaut, deren zweite antithetisch, deren dritte als Korrelativ verläuft:

1. Die etymologische Erklärung von *res publica* als *res populi:* Diese sprachlich nicht unproblematische Erklärung, die im 2. Jahrhundert verbreitet[12], im 1. Jahrhundert kaum mehr üblich war, ist von Cicero absichtsvoll verwendet.
2. Die Besonderheit der politischen Gemeinschaft, des *populus:* Der auf x-beliebige Weise entstandenen Tierherde – *grex* – ist das Zusammentreten von Menschen – *populus* – gegenübergestellt, der Beliebigkeit des *grex* die von der *ratio* gesteuerte Gemeinsamkeit des *populus* im Recht und im Nutzen.
3. Die Entstehung der politischen Gemeinschaft: In Punkt 2 sind zwei Seiten der Natur angedeutet: die der vernunftlosen Tiere und die des vernunftbegabten Menschen. Der Mensch ist zwar wie Tiere instinkthaft, aber durch seine Geistnatur auf die Gemeinschaft hin angelegt (darauf weist schon die ‚Definition' im Buch 1, § 1 hin).

Als *consilium (= ratio)* hat die Geistnatur des Menschen vorausplanend und fürsorglich seiner auch Triebhaftigkeit umschließenden und damit gefährdeten Natur zu steuern (vgl. bes. 1,39 mit AK; 2,57ff.; 2,69). Diese politische *ratio* wohnt dem römischen Volk mehr als anderen Völkern inne (2,15. 24. 30 u.a.). Die *res publica Romana* ist damit für Scipio/Cicero in einem höheren Sinne als für Polybios Modell des Staates geworden: nur in Rom konnte durch das funktionale Zusammenwirken der Staatsteile (2,56ff.) die maßvolle gemischte Verfassung entstehen. Im 3. Buch wird staatliche Ordnung als Teil der kosmischen Ordnung beschrieben. Die Gesetze des Staates sind, demzufolge, Gesetze, insoweit sie der Vernunft, die den geraden Weg geht *(recta ratio),* dem ewigen Gesetz, dem Willen der Gottheit entsprechen.[13] Der einzelne Mensch ebenso wie der Staat – sie büßen, der eine mit dem Verlust seines Menschseins, der andere mit dem der ihm bestimmten Ewigkeit (3,41).

Die Lehre von den Verfassungen

Den Erörterungen in *„De re publica"* liegt das Schema der sechs Verfassungen zugrunde: Monarchie, Aristokratie, Demokratie und deren jeweilige Entartungsform. In jeder nicht entarteten Verfassungsform sieht Scipio Gerechtigkeit gewahrt, jedoch nicht in vollem Umfang, und zwar wegen des jeder Verfassungsform zugrundeliegenden Prinzips: des Egoismus des/der Herrschenden. Immerhin sei in diesen Staatsformen, anders als in den entarteten, die *res populi,* das Interesse des Gesamtvolkes (vgl. Lernwortschatz Nr. 1) grundsätzlich berücksichtigt. Scipio gelangt so zur Unterscheidung zwischen *genus tolerabile* und *genus perfectum rei p.* (1,42).

Diese Gedankenführung erinnert an die Argumentation des Aristoteles[14], die Vertreter der drei Verfassungsformen urteilten, von ihrem Prinzip ausgehend, bei richtiger Wertung der Fakten falsch über sich selbst. Weil sie bis zu einem gewissen Grade recht hätten, glaubten sie die Gerechtigkeit überhaupt zu vertreten. Sie alle aber urteilten nicht über die Gerechtigkeit schlechthin[15], sondern in ihrem jeweiligen Verständnis. Damit ließen sie das Wesentliche außer acht; denn sie urteilten, als ob Gerechtigkeit ein bloßer Beistandspakt wäre und das Gesetz eine Abmachung oder ein Bürge für diesen Beistand. Hier ist die von der Sophistik aufgeworfene und bis heute umstrittene Frage berührt, worauf Recht beruht: auf (menschlicher) Satzung oder auf (ewigem) Naturgesetz.

Wo das Interesse des Volkes nicht mehr gewahrt ist, wo Machtträger aus Egoismus und Ungerechtigkeit Macht mißbrauchen und damit gegen das Prinzip der jeweiligen Verfassungsform verstoßen – ein mit der *ratio* in Widerspruch stehendes Verhalten –, da liegen die Entartungen der Verfassungsformen vor: Tyrannis bzw. Oligarchie (Cliquenherrschaft) oder Ochlokratie (Pöbelherrschaft), die ihrem Wesen nach Erscheinungsformen ein und derselben Tyrannis sind (1,68). In diesen Fällen kann nicht von *res publicae* gesprochen werden (3,43–45). Denn an die Stelle des Ordnung schaffenden *consilium* (= *ratio;* vgl. 1,39.41; 2,57f.) ist Ordnung aufhebende *libido* getreten (2,62 – nicht in dieser Auswahl).

Die beste Verfassung ist nach Scipio/Cicero das Königtum, aber es ist auch die gefährdetste (1,44.65 – Romulus und Tarquinius Superbus stehen für diese Extreme); die schlechteste ist die Demokratie: ihr Gleichheitsanspruch widerspricht der Gerechtigkeit (1,43), ihr schrankenloser Freiheitsanspruch dem *consilium* und der *disciplina* am deutlichsten.

Wenn in den Einzelverfassungen der Rückbezug des *consilium* auf die Ursache der Staatsgründung verlorengeht, dann wird – so Scipio – das Regime gestürzt, und zwar entweder, indem es in die entgegengesetzte Richtung umschlägt (1,45), oder indem es von irgendeiner anderen Regierungsform abgelöst wird (1,65). Es kommt der Kreislauf der Verfassungen in Gang und nimmt einen „natürlichen Weg“ (2,45). Diesen Kreislauf – ausgelöst durch die triebhafte, über das rechte Maß hinausstrebende Natur oder durch das Versagen des *consilium* (besonders wenn es sich entgegen seiner Bestimmung in den Dienst dieser Triebnatur stellt) – zu steuern ist die Aufgabe des wahren Staatsmannes (1,45; 2,45; vgl. 2,57. 67), der aus Wissen handelt, einem Wissen, das aus Mühsal und Erfahrung, also der Bewährung in Lebenspraxis, gewonnen wird.

Indem der Staatsmann Gerechtigkeit, die Voraussetzung der politischen Ordnung, verwirklicht, diese aber Teil der allumfassenden Naturordnung ist, die mit der (*recta,* der nicht fremdbestimmten) *ratio* identisch ist (3,33), bringt er, selbst aus innerer Harmonie handelnd, die Ordnung der *res publica* in Übereinstimmung mit der Ordnung des Kosmos.

Grundlagen der Erörterung de re publica – 1. Polybios

Die Darlegungen Scipios/Ciceros gehen vor allem, wenngleich nicht nur, auf den griechischen Historiker Polybios zurück.

P. war aus einer politischen Karriere in der Achäischen Liga herausgerissen worden, als er in der Folge der Niederlage des Makedonenkönigs Perseus bei Pydna (168) gegen die Römer mit tausend weiteren hochgestellten Persönlichkeiten als Geisel nach Rom kam, wo er im Haus des P. Corn. Scipio aufgenommen wurde (vgl. o. S. 6). In Rom wurde Polybios zu einem Bewunderer der politischen Leistung der Römer. Er begann die erste Universalgeschichte in der europäischen Literatur zu schreiben. Während die hellenistische Geschichtsschreibung sonst auf *delectatio* der Leser abzielte, kam es Polybios auf *utilitas* der historischen Betrachtung an. Geschichtsschreibung ist ihm *magistra vitae.* Die Frage nach den Ursachen und deren richtige Beantwortung sollte dem Staatsmann die Vorhersage des Kommenden und dessen Bemeisterung ermöglichen. P. stellte sich die Frage: Warum ist Rom in den 53 Jahren zwischen 220 und 168 zur Beherrscherin des Mittelmeerraumes aufgestiegen? Er findet die Antwort in der Überlegenheit der römischen Verfassung.

Wahrscheinlich hat P. als erster die zwei (griechischen) Theorien über den Kreislauf der Verfassungsformen und über die Mischverfassung miteinander verbunden.

○ Die Lehre vom zyklischen Wandel der Verfassungen beruht auf der Annahme von drei guten Verfassungen: Herrschaft eines einzelnen oder einer Elite oder der Volksmenge, jeweils *mit* Zustimmung der Regierten, und ebenso vielen (schlechten) Verfassungsformen *ohne* Zustimmung der Regierten.[16] Diese Lehre wurde seit der Sophistik (5. Jahrhundert) kontinuierlich erörtert.[17]

Polybios hat die Abfolge der Verfassungen festgelegt und aus dem Zwang der Natur begründet (die Gier der Machtträger nach Reichtum mache ihre Entartung und ihren Sturz unvermeidlich). Diese Zwangsläufigkeit des Geschehens negiert Scipio/Cicero: für ihn kann (Aristotelesnachfolge?) jede Verfassung aus jeder hervorgehen (1,65). Aus der Zwangsläufigkeit des Geschehens hat Polybios auf seine Berechenbarkeit und auf die Möglichkeit der Voraussage sowie eines retardierenden – nicht eines aufhebenden – Gegenhandelns des Politikers geschlossen (6,11–14); für Scipio (Cicero) bleibt, trotz Ablehnung einer festen Abfolge der Verfassungen, aufgrund praktischer Erfahrung des Staatsmannes sogar Rettung des Staates aus Gefahr möglich.

Polybios wie Cicero kamen aufgrund ihres Menschenbildes zu ihren gegensätzlichen Auffassungen. Der Grieche sieht die Ursache der Staatsbildung in der Schwäche des Menschen. Zwischen der Gemeinschaft der Tiere und derjenigen der Menschen gibt es für ihn keinen qualitativen Unterschied, beide unterliegen derselben Notwendigkeit. Er steht damit in einer Reihe, die von der Sophistik über Epikur bis zum Marxismus reicht. Cicero dagegen kann, wenn er die politische Gemeinschaft aus der geistigen Natur des Menschen begründet (vgl. o. S. 10), keinen Zwang der Natur anerkennen. Damit liegt seine Argumentation in der Reihe, die von Platon (Entwicklung vom „Schweinestaat" über den „üppigen Staat" zur Kallipolis, dem „schönen Staat" der Philosophenherrscher) über Aristoteles, die Stoa, Augustinus und Thomas von Aquin bis zu den Sozialenzykliken der Päpste führt (vgl. AK zu 2,69). Von beiden Ausgangspunkten her werden im 3. Buch durch die Reden des Philus und des Laelius über die Gerechtigkeit die äußersten Konsequenzen gezogen.

○ Für die Lehre von der Mischverfassung, die er in Sparta, Karthago und Rom verwirklicht sah, konnte Polybios auf eine Reihe von Vorgängern zurückblicken:

a) Thukydides (460–400?), der Begründer der wissenschaftlichen Geschichtsschreibung, sah in der athenischen Verfassung von 411, welche die Herrschaft der Wenigen (Aristokratie) und der Vielen (Demokratie) verbinde, die beste Verfassung noch zu seinen Lebzeiten verwirklicht.[18]

b) Platon (427–347) erkannte in Spartas „Verfassung der Väter" Elemente der Demokratie, der Aristokratie und der Monarchie bei Wahrung der Isonomie (Rechtsgleichheit) vereint.[19] Jede Staatsgründung solle, orientiert an der Mischverfassung Spartas, Freiheit, Freundschaft und Vernunft der Bürger (vgl. Cic. rep. 1,55) sichern.[20]

c) Aristoteles (384–322) behandelte mehrere mögliche Mischverfassungen als relativ gute Verfassungen. Ihm zufolge neutralisierte die Verbindung von Oligarchie und Demokratie die gegenläufigen Prinzipien von Besitz und Freiheit, deren jeweilige Überbetonung Revolutionen provozierten. Sah Platon die Dauerhaftigkeit der Mischverfassung durch das „richtige Maß" (métrion) gesichert, so Aristoteles durch die „richtige Mischung"; ein starker Mittelstand schien ihm dafür unverzichtbar.[21]

d) Dikaiarchos aus Sizilien, ein bedeutender Aristotelesschüler (geb. 340), scheint in seinem „Triptolemos" genannten Werk die Schematisierung der Mischverfassung begonnen zu haben. Cicero kannte dieses Werk gut.[22]

Polybios hat diese Schematisierung weiter vorangetrieben. Sparta und Rom sind ihm Modellfälle für die Entstehung der Mischverfassung (6,10,6 und 13f.):

„... da (Lykurg) dies also aufgrund der Abfolge der Einzelverfassungen voraussah ..., vereinte er die jeweiligen Vorzüge der besten Regierungsformen in der seinen (der gemischten Verfassung) mit dem Ziel, daß kein Teil über Gebühr Macht gewinnen kann ..., sondern die einzelnen Machtfaktoren so gegeneinander ausgewogen sind, daß keiner das Übergewicht erhält. ...
Auch die Römer sind mit ihrer Staatsordnung an dasselbe Ziel gelangt, jedoch nicht durch theoretische Einsicht (katà lógon), sondern unter vielen Schwierigkeiten und Kämpfen. Aus jedem Fehlschlag zogen sie eine Lehre, sie wählten das Bessere und kamen so zu demselben Ziel wie Lykurg: sie besitzen die beste Verfassung, die es heute gibt." Die Stufen der Entwicklung (Anfänge, Werden, Veränderung, Wechsel) ließen sich am Beispiel Roms am deutlichsten verfolgen, weil sie dort von Anfang an naturgemäß (katà phýsin) verlaufen sei. (Übersetzung nach H. Drexler)

Cicero hat den Gedanken von der Überlegenheit der römischen Verfassung übernommen (2,3), sich aber sonst kritisch mit Polybios auseinandergesetzt. Denn nicht in den richtigen Antworten eines namenlosen Kollektivs auf außenpolitische Herausforderungen, sondern in den individuellen Leistungen vieler *„summi viri"* (2,2) sah er mit Cato die Ursache von Roms Aufstieg. Von Anfang an aber habe sich auch gezeigt, daß in der Natur des römischen Volkes – und nur in diesem – politische Vernunft *(consilium)* lag: Romulus bei der Wahl des Gründungsortes, die Könige durch Anerkennung der Souveränität des Volkes durch die *leges curiatae,* der Senat durch Einrichtung des Interregnums, besonders das Volk bei der Durchsetzung des Wahlkönigtums aufgrund von *virtus* und *sapientia* bewiesen politische Vernunft und Weitblick im Gegensatz zu Lykurg, der die Königsnachfolge dem Zufall überließ (2,24).

In 2,30 wird dieser Gedanke vertieft: Nicht durch Zufall (*fortuito*), sondern *consilio et disciplina* ist Rom aufgestiegen, wobei ihm das Schicksal nicht entgegenstand (*non adversante fortuna).* Der Abschnitt verrät intensive Auseinandersetzung mit Polybios' Gedanken.
Die Tyche trägt bei *Polybios* bald den Charakter des Zufälligen – denn sie entscheidet wider alle Berechnung (2,70,2), und zwar sogar die größten Dinge (10,5,8) –, bald den des günstigen Geschicks. Wenn der Mensch ihm durch *virtus* und *ratio* entgegentritt und so Raum zu verantwortlichem Handeln gewinnt (1,37,3), wird er Herr über das Schicksal, das sich ihm nicht mehr widersetzt.[23] Diese über Polybios' Werk zerstreuten Gedanken hat Cicero zu einer neuen Wertung der römischen Geschichte systematisiert. (Im übrigen war der Weg von der Aussage über die Größe Roms *„non adversante fortuna"* zu Vergils Auffassung von der Bestimmung Roms zur Weltherrschaft durch das *fatum*[24] nicht mehr allzu weit.)

Den Zustand der Mischverfassung erreichte Rom nach Scipio/Cicero nicht erst 216 (Polybios), sondern schon durch die Zenturiatsverfassung des Königs Servius Tullius. (In Wahrheit gehört sie in eine viel spätere Zeit.) Da aber die *maiores* Übernommenes stets verbessert haben, konnte es nicht bei dem erreichten Zustand bleiben. Dieser entsprach der Verfassung von Sparta (2,42). Er sicherte den Bestand der *res publica* nicht, sondern bedurfte weiteren Ausgleichs durch Wahrung des richtigen „Maßes". Dies wurde nach Scipio/Cicero durch das *consilium* des Senats im Zusammenhang der Kämpfe um die Aufzeichnung der Gesetze durch die X-viri bereits in der Mitte des 5. Jahrhunderts verwirklicht: unter Anerkennung der Volkssouveränität sei ein ausgewogenes Verhältnis zwischen den die Verfassung tragenden Institutionen erreicht worden. Das bedeute zugleich eine Vermittlung zwischen den Institutionen und den Kräften, die in einem biologischen Prozeß[25] das Leben und die Geschichte bestimmten: Natur (zum Guten und zum Schlechten lenkbare Anlage) und Vernunft.[26] Das durch den Egoismus, das Gefangensein in Leidenschaft gefährdete Gleichgewicht des Gemeinwesens zu wahren ist die Aufgabe staatsmännischer Vernunft.[27]

Polybios' gemischte Verfassung schiebt den Verfall des Staates hinaus, hebt ihn aber nicht auf; denn – so stellt er fest – alles Gewordene vergeht nach dem Gesetz der Natur[28], auch die *res p. Romana.* Cicero dagegen hofft, daß mit dem Sieg der politischen Vernunft die *immortalitas rei publicae* gesichert sei. Damit spricht er einen ganz römischen Gedanken aus.[29]

Grundlagen der Erörterung – 2. Platon

Cicero hat mit *„De re publica"* und *„De legibus"* nicht nur äußerlich an Platons Werke „Politeia" (Der Staat) und „Nomoi" (Die Gesetze) angeknüpft. Er hatte sich vielmehr durch Lektüre gute Kenntnis von Platons Werken angeeignet, und er schätzte Platon mehr als irgendeinen anderen Philosophen.[30] Im zweiten Buch von *„De re publica"* setzt er sich nicht nur mit Polybios und Cato auseinander, sondern – neben Aristoteles – vor allem mit Platon. Dessen Staatskonstruktion lehnt er als unrealistisches Gedankengebäude ab; sein Exemplum einer Polis – wünschenswert zwar, aber ohne Aussicht auf Verwirklichung – diene nur der Erkenntnis letzter Wahrheit in philosophischem Sinne (was Platons ausdrückliches Ziel für das Werk war). Aristoteles dagegen rühmt er wegen seines Realitätsbezuges in der Erforschung der Staatsformen und ihrer Systeme, aber er vermißt bei ihm die Ausrichtung der Vielheit der beobachteten Verfassungsformen auf ein Modell, auf die eine Idee des Staates.[31]

Diese Idee des Staates sieht Cicero in der *res publica maiorum* verwirklicht. Er vereinigt die Gedanken der Vorgänger zu einer ganz neuen Gedankenkonzeption: Die römische *res publica* habe durch die Leistung vieler einzelner nicht nur die *maßvoll* gemischte Verfassung erreicht, sie habe die Idee des Staates in die Wirklichkeit überführt (darauf kam es Aristoteles an), und zwar (eine Anknüpfung an stoische Gedanken) dadurch, daß das richtige Verhältnis zwischen *natura* und *ratio* erreicht worden sei.[32]

Der Traum des Scipio – Abschluß des Werkes

Schon in der Antike hat man im Traum des Er, dem Schlußmythos in Platons „Politeia" („Der Staat") das Vorbild für das *„Somnium Scipionis"* erkannt und dieses entweder abfällig mit ihm verglichen oder aber in Bewunderung wegen des größeren Realitätsbezuges gerühmt. Daß in Träumen die Zukunft vorausgesehen und Wahrheit tiefer erkannt werden könne, war Glaube der Zeit.

Der Gedanke von der Ewigkeit Roms reicht weit zurück. Seit alters war er mit dem immerwährenden Herdfeuer der Göttin Vesta verbunden.[33] Die Überzeugung von der Ewigkeit der *res publica Romana* wurde verknüpft mit dem Auftrag, die politische Welt zu ordnen, indem dem Recht zum Sieg über Gewalt verholfen wurde. Den stärksten Ausdruck fand diese Auffassung in Vergils Aeneis.[34] Daß die von Rom geschaffene politische Ordnung eine Widerspiegelung der kosmischen Ordnung sei, besagte, an Gedanken Ciceros anknüpfend, augusteische Staatsideologie.[35] Noch dem Christen Tertullian scheint diese Vorstellung gegenwärtig, wenn er sagt[36]: „Es gibt noch eine andere, höhere Notwendigkeit für uns, für die Kaiser zu beten, ebenso für den Bestand des Reiches überhaupt und für die Macht der Römer: Wir wissen, daß die gewaltige Katastrophe, die dem Erdkreis droht, ja daß das Ende der Welt ... nur durch die dem römischen Reich gewährte Frist aufgehalten wird. Daher wollen wir dies (dessen Ende) nicht erleben, und indem wir um Aufschub beten, tragen wir zum Fortbestand Roms bei."

Übersicht über Themen und Textauswahl

(In Kursivschrift gegebene Stellen bezeichnen die deutschen Überleitungstexte.)

Buch 1 Die Frage nach der besten Verfassung

Vorrede: Ermahnung zu politischer Tätigkeit	1–13
Der Dienst für die res publica als Aufgabe	1–3
Einwendungen gegen den Dienst für die res publica	4–11
Allgemeine und philosophische Begründungen (4–8)	*(5/6)*
Begründung aus der eigenen Zeit (9–11)	
Überleitung: Aufruf zu politischer Tätigkeit (12)	12/13
Rutilius Rufus als Gewährsmann (13)	
Das Gespräch Scipios mit seinen Freunden	14–38
Vorspiel: Zusammenkunft der Gesprächspartner und Beginn der Erörterung	*(14–18)*
Reden des Philus (19–22), des Scipio (23–29), Wechselrede und Hinführung zum Thema (29–36)	19–36 *(20–30.34/35)*
Gespräch zwischen Philus und Scipio: Ermahnung an Scipio, seinen Vortrag zu halten – Festlegung der Methode	37/38
Die große Rede Scipios	39–53
Umschreibung der staatlichen Gemeinschaft	39.*(40.)*41
Die verschiedenen Verfassungsformen	42–45
Die Vorzüge der einzelnen Verfassungsformen (42)	
Die Mängel der einzelnen Verfassungsformen (43–45)	
Bericht über die Befürworter der einzelnen Verfassungen	46–53
Rede für die Demokratie (46–49) – Rede für die Monarchie (?) (50) – Rede für die Aristokratie (51–53)	
Dialog zwischen Scipio und Laelius	54–71
Erneute Frage nach der besten Verfassung	54a.*(54b/55)*
Das Königtum als die relativ beste Verfassungsform	56.*(57/58.)*59–64
Die radikale Demokratie – permanente Revolution als Entartung der Freiheit	65–68
Die ‚sententia' Scipios – Hinweis auf die gemischte Verfassung und die Behandlung der Geschichte Roms im 2. Buch	69–71

Buch 2 Geschichte und Gestalt der res publica Romana

Buch 3 Die Frage nach dem Wesen der Gerechtigkeit

Buch 4 Die Lebensgesetze (mores) der res publica

(Rekonstruktion des Inhalts)

Buch 5 Der Staatsmann und seine Aufgabe

(Rekonstruktion des Inhalts)

Buch 6 Der wahre Staatsmann und sein Lohn

LIBER PRIMUS

Vorrede: Ermahnung zu politischer Tätigkeit

Der Anfang des Werkes ist verloren; in ihm hat Cicero das Werk seinem Bruder Quintus gewidmet und es als Dienst an der res publica *charakterisiert. Dann bestimmte er seinen Leserkreis (*nec doctissimis*) und verteidigte die Tätigkeit für die Gemeinschaft der Bürger gegen das Genußstreben und gegen ein Leben für die Wissenschaft. Nur durch selbstlosen Einsatz großer Männer für die* res publica *habe Rom alle Gefahren erfolgreich bestehen können.*

Der Dienst für die res publica als Aufgabe

1 [. . .] M. vero Catoni, homini ignoto et novo – quo omnes, qui iisdem rebus studemus, quasi exemplari ad industriam virtutemque ducimur – certe licuit Tusculi se in otio delectare, salubri et propinquo loco. Sed homo demens (ut isti putant), cum cogeret eum necessitas nulla, in his undis et tempestatibus ad summam senectutem maluit iactari quam in illa tranquillitate atque otio iucundissime vivere. Omitto innumerabilīs viros, quorum singuli saluti huic civitati fuerunt, et, qui sunt haud procul ab aetatis huius memoria, commemorare eos desino, ne quis se aut suorum aliquem praetermissum queratur. Unum hoc definio: tantam esse necessitatem virtutis generi hominum a natura tantumque amorem ad communem salutem defendendam datum, ut ea vis omnia blandimenta voluptatis otiique vicerit.

2 Nec vero habere virtutem satis est quasi artem aliquam, nisi utare. Etsi ars quidem, cum ea non utare, scientia tamen ipsa teneri potest, virtus in usu sui tota posita est. Usus autem eius est maximus civitatis gubernatio et earum ipsarum rerum, quas isti in angulis personant, reapse, non oratione, perfectio. Nihil enim dicitur a philosophis – quod quidem recte honesteque dicatur –, quod non ab iis

---

1

Cato: *vgl. zu Buch 2, § 1* · **exemplar:** (verpflichtendes) Vorbild · **homo . . . novus:** ein Emporkömmling · **Tusculum:** *das heutige Tusculo; dort hatte Cato eine Villa* · ōtium: *3 · **saluber,** -bris, -bre: heilsam, gesund · **dēmēns:** wahnsinnig, töricht · **istī:** *gemeint sind diejenigen Philosophen, die politische Tätigkeit ablehnten, besonders die Epikureer.* · **tempestās:** Sturm · **iactārī:** umhergetrieben werden · **trānquillitās:** Meeresstille · omittere *und* praetermittere: *5 · **et quī sunt . . ., commemorāre eōs dēsinō . . .** ≈ et eōs commemorāre dēsinō, quī · **dēfīnīre:** *5 · **esse . . . datum** *bezieht sich dem Sinne nach auf* necessitātem *und auf* amōrem, *grammatikalisch nur auf letzteres.* · **blandīmentum** (*zu* blandīrī): Verlockung

2

ars: Handwerk, Kunst, Wissenschaft *(handwerkliches usw.)* Können · **ūtāre** ≈ ūtāris; **ūtī:** praktisch anwenden · **Sb:** Etsi ars quidem . . . scientiā tamen ipsā tenērī potest, virtūs in ūsū suī tōta posita est: „Freilich kann wissenschaftliches Können . . . gewiß allein schon durch (theoretische) Beherrschung (des Gegenstandes) aufrechterhalten werden, die Tüchtigkeit des Mannes (dagegen) liegt ganz in ihrer Bewährung in der Praxis begründet." **gubernātiō:** *2 · ipse: *5 · **personāre:** deklamieren *(bei rhetorischen Übungsvorträgen)* · **rēāpse** ≈ rē ipsā: in der (Lebens-)Wirklichkeit · **ōrātiōne:** „mit schönen Reden" · **quod quidem** + *Konj.*: soweit es . . . *(einschränkend)* · **(iūra) discrībere:** *1 · religiō: *4 · **quod dīcitur:** *im Dt.*

partum confirmatumque sit, a quibus civitatibus iura discripta sunt. Unde enim pietas, aut a quibus religio? unde ius aut gentium aut hoc ipsum, civile quod dicitur? unde iustitia, fides, aequitas? unde pudor, continentia, fuga turpitudinis, adpetentia laudis et honestatis? unde in laboribus et periculis fortitudo? Nempe ab iis, qui haec disciplinis informata alia moribus confirmarunt, sanxerunt autem
alia legibus. Quin etiam Xenocraten ferunt, nobilem in primis philo- **3**
sophum, cum quaereretur ex eo, quid adsequerentur eius discipuli, respondisse, ut id sua sponte facerent, quod cogerentur facere legibus.

Ergo ille civis, qui id cogit omnīs imperio legumque poena, quod vix paucis persuadere oratione philosophi possunt, etiam iis, qui illa disputant, ipsis est praeferendus doctoribus.

Quae est enim istorum oratio tam exquisita, quae sit anteponenda bene constitutae civitati publico iure et moribus? Equidem *quem ad modum* ‚urbes magnas atque inperiosas', ut appellat Ennius, viculis et castellis praeferendas puto, *sic* eos, qui his urbibus consilio atque auctoritate praesunt, iis, qui omnis negotii publici expertes sint, longe duco sapientia ipsa esse anteponendos. Et quoniam maxime rapimur ad opes augendas generis humani studemusque nostris consiliis et laboribus tutiorem et opulentiorem vitam hominum reddere et ad hanc voluptatem ipsius naturae stimulis incitamur, teneamus eum cursum, qui semper fuit optimi cuiusque, neque ea signa audiamus, quae receptui canunt, ut eos etiam revocent, qui iam processerint.

Einwendungen:
4
– allgemeine und philosophische Begründungen

His rationibus tam certis tamque inlustribus opponuntur ab iis, qui contra disputant, primum labores, qui sint re publica defendenda sustinendi, – leve sane inpedimentum vigilanti et industrio, neque solum in tantis rebus, sed etiam in mediocribus vel studiis vel officiis

mit Adjektiv wiederzugeben · aequitās: *3 · **continentia:** Selbstbeherrschung · **appetentia:** das Streben · **nempe:** doch wohl, sicherlich · **disciplīnīs īnformārī:** durch Unterweisungen gestaltet werden, Gestalt gewinnen · **haec ... alia ... alia:** diese (Tugenden) ... teils ... teils ... · **sancīre:** festsetzen

3

Sb: Quīn etiam Xenocratēn ferunt ... ≈ Quīn etiam ferunt (≈ trādunt) Xenocratem ... respondisse (*erg.* discipulōs suōs id adsequī), ut ... facerent ... · **nōbilis:** *hier* angesehen · **doctor:** *hier* Philosophielehrer

quae est ... ōrātiō tam exquīsīta, quae ...: was ist so besonderes an den Ausführungen ..., daß sie · cōnstituere: *1 · **pūblicus:** für alle gültig · **equidem:** ich jedenfalls · **Ennius** *(239–169) aus Kalabrien war der erste bedeutende Dichter lateinischer Sprache* · **vīculus:** Dörfchen · **castellum:** Bergnest · cōnsilium *2, auctōritās: *3 · **negōtium** (*3) **pūblicum:** politische Tätigkeit · **rapī:** sich gedrängt fühlen · **opulentus:** gut ausgestattet · **stimulus:** Ansporn · **teneāmus** (... neque audiāmus): *damit beginnt der HS* · **receptuī canere:** zum Rückzug blasen

4

ratiōnēs: Gedankengänge · **certus:** *hier* unbestreitbar · **contrā disputāre:** dagegen argumentieren · **sustinēre:** auf sich nehmen · (leve) sānē: *5 · **vigilāns:** wachsam, umsichtig · **industrius:** regsam · **mediocris:** mittelmäßig, weniger bedeutsam ·

vel vero etiam negotiis contemnendum. Adiunguntur pericula vitae turpisque ab his formido mortis fortibus viris opponitur, quibus magis id miserum videri solet: natura se consumi et senectute quam sibi dari tempus, ut possint eam vitam, quae tamen esset reddenda naturae, pro patria potissimum reddere. Illo vero se loco copiosos et disertos putant, cum calamitates clarissimorum virorum iniuriasque iis ab ingratis inpositas civibus colligunt.

5/6 *Es folgen Beispiele aus der griechischen und römischen Geschichte sowie der Hinweis auf Ciceros politisches Schicksal. In der anschließenden Lücke war von Ciceros Verbannung die Rede.*

7 Quamquam nostri casus plus honoris habuerunt quam laboris neque tantum molestiae quantum gloriae, maioremque laetitiam ex desiderio bonorum percepimus quam ex laetitia inproborum dolorem. Sed si aliter, ut dixi, accidisset: quī possem queri, cum mihi nihil inproviso nec gravius, quam expectavissem pro tantis meis factis, evenisset! Is enim fueram, cui cum liceret *aut* maiores ex otio fructus capere quam ceteris propter variam suavitatem studiorum, in quibus a pueritia vixeram, *aut*, si quid accideret acerbius universis, non praecipuam sed parem cum ceteris fortunae condicionem subire, non dubitaverim me gravissimis tempestatibus ac paene fulminibus ipsis obvium ferre conservandorum civium causa meisque propriis
8 periculis parere commune reliquis otium. Neque enim *hac* nos patria lege genuit aut educavit, *ut* nulla quasi alimenta exspectaret a nobis, ac tantummodo nostris ipsa commodis serviens tutum perfugium otio nostro suppeditaret et tranquillum ad quietem locum, *sed ut* plurimas et maximas nostri animi ingenii consilii partīs ipsa sibi ad utilita-

---

negōtium: *3 · **cōnsūmere:** aufzehren, hinwegraffen · **cōpiōsus:** *hier* gedankenreich · **disertus:** redegewandt

7
quamquam *(correctivum);* quī: *beide* *5 · **percipere** ≈ capere · **imprōvīsō** (*zu* prōvidēre): unerwartet(erweise) · **prō:** *hier* gemessen an · **Sb: Is enim fueram, cui cum ...** ≈ Is enim fueram, qui, cum mihī licēret aut ... fructūs capere ... aut nōn praecipuam, sed parem ... condiciōnem subīre, nōn dubitāverim mē ... obvium ferre meīsque periculīs parere ... · **praecipuus:** vornehmlich, besonders · **nōn dubitāre** + *Inf.*: nicht zögern (zu ... tun), ohne Bedenken (tun) · **fulmen:** Blitz · **sē obvium ferre** ≈ occurrere

8
hāc ... lēge ≈ hāc ... condiciōne · **alimentum:** Ziehgeld, Unterhalt · **tantummodo** ≈ modo · **ipsa** *ist auf* patria *zu beziehen* · **perfugium:** Zuflucht(sort) · **suppeditāre:** zur Verfügung stellen · **pignerāre:** sich ausbedingen · **superesse:** *hier* übrig sein, entbehrlich sein · **remittere:** überlassen, lassen

9
iam: ferner · **perfugia quae sūmunt sibi** ≈ quae sibi perfugia *(prädikativ)* sūmunt · **excūsātiō:** Entschuldigung · **(cum) ita (dīcunt):** ita *im Dt. entbehrlich* · **accēdere ad rem pūblicam:** sich der Politik zuwenden · **sordidus:** schändlich, entehrend · **praesertim:** zumal da

tem suam pigneraretur tantumque nobis in nostrum privatum usum, quantum ipsi superesse posset, remitteret.

9 Iam illa, perfugia quae sumunt sibi ad excusationem, quo facilius otio perfruantur, certe minime sunt audienda, cum ita dicunt: accedere ad rem publicam plerumque homines nulla re bona dignos, cum quibus comparari sordidum, confligere autem multitudine praesertim incitata miserum et periculosum sit. Quam ob rem neque sapientis esse accipere habenas, cum insanos atque indomitos impetus volgi cohibere non possit, neque liberi cum inpuris atque inmanibus adversariis decertantem vel contumeliarum verbera subire vel expectare sapienti non ferendas iniurias, proinde quasi bonis et fortibus et magno animo praeditis ulla sit ad rem publicam adeundi causa iustior, quam ne pareant inprobis neve ab īsdem lacerari rem publicam patiantur, cum ipsi auxilium ferre, si cupiant, non queant.

– Begründung aus der eigenen Zeit

10 Illa autem exceptio cui probari tandem potest, quod negant sapientem suscepturum ullam rei publicae partem, extra quam si eum tempus et necessitas coēgerit? quasi vero maior cuiquam necessitas accidere possit, quam accidit nobis: in qua quid facere potuissem, nisi tum consul fuissem? Consul autem esse quī potui, nisi eum vitae cursum tenuissem a pueritia, per quem equestri loco natus pervenirem ad honorem amplissimum? Non igitur potestas est ex tempore, aut cum velis, opitulandi rei publicae, quamvis ea prematur periculis, nisi eo loco sis, ut tibi id facere liceat.

11 Maximeque hoc in hominum doctorum oratione mihi mirum videri solet, quod, qui tranquillo mari gubernare se negent posse, quod nec didicerint nec umquam scire curaverint, iidem ad gubernacula se accessuros profiteantur

---

Sb: Quam ob rem NEQUE SAPIENTIS ESSE accipere ... NEQUE LIBERI ... decertantem (≈ decertantis) vel ... subīre vel exspectāre ..., proinde quasi bonīs ... ulla sit ... causa iūstior quam nē pareant neve ... patiantur ...
habēnae, -ārum: Zügel · **īnsānus:** unsinnig, unvernünftig · **indomitus:** ungezähmt · **cohibēre:** in Schranken halten · **impūrus:** schmutzig · **contumēlia:** Schmähung, Beleidigung · **verbera,** -um *n. pl.:* Schläge · **exspectāre:** *hier* gefaßt sein auf, rechnen mit · **proinde** *verstärkt* quasi · **bonus et fortis:** *4 · **māgnō animō praeditus:** mit Seelengröße (magnitudo animi) ausgestattet · **ad rem pūblicam adīre:** sich der Politik zuwenden · **lacerāre:** zerreißen · **cum** (ipsī): *adversativ* · **sī** (cupiant) ≈ etsī (c.) · **nōn queant:** *Konj. Präs. zu* nequire ≈ non posse

10

exceptiō: Ausnahme, Einschränkung; **(illa exceptiō), quod:** *‚faktisches* quod‘ · **probāre:** *hier* nahebringen, einleuchtend machen; **cuī** *kann als Objekt oder als Dat. auctoris dazu aufgefaßt werden;* (cui ...) tandem: *5 · **extrā quam sī:** außer wenn · **quasī vērō:** *verstärktes* quasi · quī: *5 · **equester locus** ≈ ordō equester; **equ. l. nātus:** *konzessiv aufzufassen* · **amplus:** *hier* hoch erhaben · **ex tempore:** aus der Situation heraus, ohne Vorbereitung · **opitulārī:** ≈ opem ferre

11

quod quī ... negant ..., ... iidem profiteantur ≈ quod iidem, quī ... negant ..., ... profiteantur ... · **gubernācula:** *2 ·

excitatis maximis fluctibus. Isti enim palam dicere atque in eo multum etiam gloriari solent: se de rationibus rerum publicarum aut constituendarum aut tuendarum nihil nec didicisse umquam nec docere; earumque rerum scientiam non doctis hominibus ac sapientibus, sed in illo genere exercitatis concedendam putant. Quare quī convenit polliceri operam suam rei publicae tum denique, si necessitate cogantur? cum, quod est multo proclivius, nulla necessitate premente rem publicam regere nesciant. Equidem, *ut* verum esset sua voluntate sapientem descendere ad rationes civitatis non solere, sin autem temporibus cogeretur, tum id munus denique non recusare, *tamen* arbitrarer hanc rerum civilium minime neglegendam scientiam sapienti propterea, quod omnia essent ei praeparanda, quibus nesciret an aliquando uti necesse esset.

Überleitung:
12
– Aufruf zu politischer Tätigkeit

Haec pluribus a me verbis dicta sunt ob eam causam, quod his libris erat instituta et suscepta mihi de re publica disputatio. Quae ne frustra haberetur, dubitationem ad rem publicam adeundi in primis debui tollere. Ac tamen, si qui sunt, qui philosophorum auctoritate moveantur, dent operam parumper atque audiant eos, quorum summa est auctoritas apud doctissimos homines et gloria; quos ego existimo, etiamsi qui ipsi rem publicam non gesserint, tamen, quoniam de re publica multa quaesierint et scripserint, functos esse aliquo rei publicae munere. Eos vero septem, quos Graeci sapientīs nominaverunt, omnīs paene video in media re publica esse versatos. Neque enim est ulla res, in qua propius ad deorum numen virtus accedat humana, quam civitatīs aut condere novas aut conservare iam conditas.

13
– Rufus als Gewährsmann für den nun folgenden Bericht

Quibus de rebus, – quoniam nobis contigit, ut iidem et in gerenda re publica aliquid essemus memoria dignum consecuti et in explicandis rationibus rerum civilium quandam facultatem, – non modo usu, sed etiam studio discendi et docendi essemus auctores, cum superiores alii fuissent in disputationibus perpoliti, quorum res gestae nullae invenirentur, alii in gerendo probabiles, in disserendo rudes. Nec

---

ratiōnēs rērum p. cōnstituendārum: Wege/Methoden, Gemeinwesen zu begründen · **scientia alicūius reī:** Kenntnis von etw., Sichverstehen auf etw. · **in illō genere exercitātī:** Praktiker/Routiniers auf diesem Gebiet · quī: *5 · **opera:** Hilfe(leistung) · **cum (quod est . . .):** wo doch · **prōclivis:** *hier* leicht (durchführbar)
Sb: equidem UT vērum esset . . . sapientem dēscendere . . . nōn solēre, sīn autem . . . cōgerētur, tum . . . non recūsāre, TAMEN arbitrārer . . .
dēscendere ad ratiōnēs cīvitātis: sich einlassen auf die Interessen der Bürgerschaft · **tempora:** Zeitumstände · **recūsāre:** zurückweisen · **rēs cīvīlēs:** politische Realitäten · **nescīre an:** nicht wissen, ob nicht vielleicht; **quibus nesc. an . . . ūtī . . . :** *‚relativische Verschränkung‘*

12
mihi: *Dat. auctoris* · **ad rem p. adīre:** sich der Politik zuwenden · **in prīmīs:** zunächst (einmal) · **parumper:** (nur) für kurze Zeit · auctōritās: *3 · **Sb: Quōs ego exīstimō . . . functōs esse . . .** · **rem pūblicam gerere:** das Gemeinwesen leiten · **quaerere:** forschen · **in mediā rē pūblicā versārī:** mitten im politischen Leben stehen · **nūmen:** (das Walten der) Gottheit

vero nostra quaedam est instituenda nova et a nobis inventa ratio, sed unius aetatis clarissimorum et sapientissimorum nostrae civitatis virorum disputatio repetenda memoria est, quae mihi tibique quondam adulescentulo est a P. Rutilio Rufo, Smyrnae cum simul essemus compluris dies, exposita, in qua nihil fere, quod magno opere ad rationes omnium rerum pertineret, praetermissum puto.

Das Gespräch Scipios mit seinen Freunden

14–18 Zusammenkunft. Beginn der Erörterung

Scipios Freunde hatten angekündigt, ihn an den Tagen des Latinerfestes auf seinem Landgut zu besuchen. Als erster trifft TUBERO, *Scipios Neffe, ein. Erfreut,* SCIPIO *von Staatsgeschäften frei vorzufinden, bringt er das Gespräch auf das Wunderzeichen der Doppelsonne, das kurz vorher gesehen worden ist.*

Scipio weist auf die bewunderungswürdige Naturerklärung des Stoikers Panaitios hin, auf das Bemühen des Sokrates um Ethik und sichtbare Erscheinungen, Tubero dagegen auf den Philosophen Platon, als unerwartet L. FURIUS PHILUS *und* P. RUTILIUS RUFUS *eintreffen. Es folgen* C. LAELIUS SAPIENS, *Freund Scipios, ferner* SPURIUS MEMMIUS *und dessen Schwiegersöhne,* QUINTUS FANNIUS *und* QUINTUS MUCIUS SCAEVOLA AUGUR, *endlich der Rechtskenner* M.' MANILIUS. *(Zu den Personen vgl. o. S. 6 (Mitte) und S. 7.)*

19–36 Hinführung zum Thema

Die Gelassenheit der Sprechenden wird der Erregung des Jahres 129 entgegengesetzt, die der Tod des Agrarreformers Ti. Gracchus und die nachfolgenden Kämpfe hervorgerufen haben. Die Herren einigen sich darauf, beim begonnenen Thema, der Erscheinung der Doppelsonne, zu bleiben; denn es sei nicht gleichgültig, was „daheim" (domi) *geschehe:*

(PHILUS:) „[...] An tu ad domos nostras non censes pertinere scire, **19**
quid agatur et quid fiat domi? Quae non ea est, quam parietes nostri cingunt, sed mundus hic totus, quod domicilium quamque patriam di nobis communem secum dederunt, cum praesertim, si haec ignoremus, multa nobis et magna ignoranda sint."

PHILUS *legt dar, wie eine ähnliche Erscheinung von Sulpicius Gallus mit Hilfe eines Modelles erklärt worden ist, das der Eroberer von Syrakus, Marcellus, aus dem Besitz des Mathematikers Archimedes nach Rom gebracht hat. In einer längeren Rede führt* SCIPIO *aus, Gallus habe bewiesen, daß die Doppelsonne kein Wunderzeichen gewesen sei. Derselbe Gallus habe in Makedonien das römische Heer bei einer Sonnenfinsternis durch Erklärung der Zusammenhänge von aller Verwirrung befreit. Ein Einwurf Tuberos veranlaßt Scipio zu einem Lobpreis der* doctrina, *die er als* sapientia *und als* humanitas *versteht.*

13
Sb: quibus dē rēbus ... nōn modo ūsū ... essēmus auctōrēs: in diesen Fragen ... wären wir kompetente Sprecher nicht nur aufgrund praktischer Erfahrung · **ratiōnēs (rērum cīvīlium):** theoretische Grundlagen · **cum superiōrēs aliī ... aliī:** während von den Vorgängen die einen ..., die anderen ... · **perpolītus:** gebildet · **probābilis:** *hier* anerkennenswert · **rudis:** roh, ungewandt, ungeschickt · **īnstituere ratiōnem:** eine Methode/Betrachtungsweise einführen · **memoriā repetere:** ins Gedächtnis zurückrufen · **praetermittere:** *5

19
pariēs, -etis *m.*: Mauer · **domīcilium:** Wohnung

LAELIUS *rügt Tuberos Interesse für die Astronomie als unangemessen und lenkt das Gespräch auf die* res publica *zurück; es komme auf die richtigen Antworten in Fragen der praktischen Politik an:*

31 „Dicam mehercule et contemnar a te fortasse, cum tu ista caelestia de Scipione quaesieris, ego autem haec, quae videntur ante oculos esse, magis putem quaerenda. Quid enim mihi L. Pauli nepos [. . .] quaerit, quo modo duo soles visi sint, non quaerit, cur in una re publica duo senatus et duo paene iam populi sint? Nam – ut videtis – mors Tiberii Gracchi et iam ante tota illius ratio tribunatus divisit populum unum in duas partīs. [. . .]

32 Quam ob rem, si me audietis, adulescentes, solem alterum ne metueritis! *Aut* enim nullus esse potest *aut* sit sane, ut visus est, modo ne sit molestus, *aut* scire istarum rerum nihil, *aut*, etiamsi maxime sciemus, nec meliores ob eam scientiam nec beatiores esse possumus. Senatum vero et populum ut unum habeamus, et fieri potest et permolestum est, nisi fit, et secus esse scimus et videmus, si id effectum sit, et melius nos esse victuros et beatius."

33 *Auf Mucius' Frage benennt Laelius die für die Bewältigung dieser Aufgabe erforderlichen Kenntnisse:*

„ . . . eas artīs, quae efficiunt, ut usui civitati simus; id enim esse praeclarissimum sapientiae munus maximumque virtutis vel documentum vel officium puto."

34/35 *Laelius' Aufforderung, sich aufgrund seiner politischen Leistung und seiner Kenntnis der griechischen Staatslehre umfassend zum Thema zu äußern, beantwortet Scipio:*

36 (SCIPIO:) „Quam ob rem peto a vobis, ut me sic audiatis: neque ut omnino expertem Graecarum rerum neque ut eas nostris in hoc praesertim genere anteponentem, sed ut unum e togatis patris diligentia non inliberaliter institutum studioque discendi a pueritia incensum, usu tamen et domesticis praeceptis multo magis eruditum quam litteris."

31
mehercule: beim Herkules, in der Tat · **caelestia,** -ium *n. pl.:* Erscheinungen am Himmel · **quaerere dē aliquō** ≈ q. ex aliquō · **quid mihi . . . quaerit:** was soll mir das, daß . . . fragt · **L. Paulī . . . nepōs:** *gemeint ist Tubero, Enkel des L. Aemilius Paulus* · **ratiō tribūnātūs:** die Handhabung des T.

32
(sit) sānē: *5 · **modo nē:** wenn nur nicht · **secus** *(Adv.):* nicht so, anders

36
ūnus ē togātīs: „ein echter Römer" · **domesticus** (*zu* domus): eigen, römisch · **ūsus,** -ūs: praktische Erfahrung

37
(quibus . . .,) tenēmus: . . . wissen wir · **animum cōnferre in istam ratiōnem et quasi artem:** sein Interesse auf diese Theorie und gleichsam Wissenschaft (der Staatslehre /Politik) richten · **über,** *Gen.* ūberis: fruchtbar, ergiebig · **permāgnus:** sehr groß

37 *Aufforderung an Scipio, seinen Vortrag zu halten*

Hic PHILUS: „Non, hercule," inquit „Scipio, dubito, quin tibi ingenio praestiterit nemo usuque idem in re publica rerum maximarum facile omnīs viceris; quibus autem studiis semper fueris, tenemus. Quam ob rem, si, ut dicis, animum quoque contulisti in istam rationem et quasi artem, habeo maximam gratiam Laelio. Spero enim multo uberiora fore, quae a te dicentur, quam illa, quae a Graecis nobis scripta sunt, omnia." Tum ille (SCIPIO): „Permagnam tu quidem expectationem – quod onus est ei, qui magnis de rebus dicturus est, gravissimum – inponis orationi meae." Et PHILUS: „Quamvis sit magna, tamen eam vinces, ut soles. Neque enim est periculum, ne te de re publica disserentem deficiat oratio."

38 *Festlegung der Methode*

Hic SCIPIO: „Faciam, quod vultis, ut potero, et ingrediar in disputationem *ea lege*, qua credo omnibus in rebus disserendis utendum esse, si errorem velis tollere: *ut* eius rei, de qua quaeretur, si nomen quod sit conveniat, explicetur, quid declaretur eo nomine; quod si convenerit, tum demum decebit ingredi in sermonem; numquam enim, quale sit illud, de quo disputabitur, intellegi poterit, nisi, quod sit, fuerit intellectum prius. Quare quoniam de re publica quaerimus, hoc primum videamus, quid sit id ipsum, quod quaerimus." Cum adprobavisset LAELIUS, „nec vero" inquit AFRICANUS „ita disseram de re tam inlustri tamque nota, ut ad illa elementa revolvar, quibus uti docti homines his in rebus solent, ut a prima congressione maris et feminae, deinde a progenie et cognatione ordiar verbisque, quid sit et quot modis quidque dicatur, definiam saepius. Apud prudentes enim homines et in maxima re publica summa cum gloria belli domique versatos cum loquar, non committam, ut sit inlustrior illa ipsa res, de qua disputem, quam oratio mea. Nec enim hoc suscepi, ut tamquam magister persequerer omnia, neque hoc polliceor me effecturum, ut ne qua particula in hoc sermone praetermissa sit." Tum LAELIUS: „Ego vero istud ipsum genus orationis, quod polliceris, expecto."

38

Sb: <u>et ingrediar</u> in disputātiōnem <u>eā lēge</u> (≈ eā condiciōne) . . . <u>ut</u> – sī conveniat, quod sit nōmen eius reī, dē quā quaererētur – <u>explicētur,</u> quid dēclārētur eō nōmine . . .
(id) cōnvenit: es besteht Einigkeit (darüber) · **dē quā quaerētur:** *im Dt. besser Partizip* · **dēclārāre nōmine:** mit dem Namen/Begriff bezeichnen · **tum dēmum:** dann erst · **fuerit intellēctum** ≈ erit intellectum · **approbāre** ≈ probāre · **elementa** *n. pl.:* Uranfänge · **revolvī ad aliquid:** zurückkehren zu etwas · **doctī hominēs:** Gelehrte, Philosophen · **congressiō** (*zu* congredī): Zusammentreten, Verbindung · **mās,** māris: Mann · **prōgeniēs,** -ei (*zu* gignere): Nachkommenschaft · **cōgnātio:** Blutsverwandtschaft · **ordīrī** (ab aliquā rē): beginnen mit etwas · **dēfīnīre:** *5 · prūdēns: *4 · **bellī domīque** *(Lokativ):* in Krieg und Frieden · **versārī in aliquā rē:** sich in einer Sache betätigen/bewähren · **committere, ut:** es dahin kommen lassen, daß · **inlūstris:** *hier* einleuchtend · **hoc suscipere:** dies auf sich nehmen, sich dies zur Aufgabe machen · **tamquam magister:** wie ein Schulmeister, geradezu schulmeisterlich · persequī: *5 · **omnia:** alle Einzelheiten · **ut ne** ≈ nē · **particula:** (unbedeutende) Einzelheit · praetermittere *5

Die große Rede Scipios

39 *Umschreibung der staatlichen Gemeinschaft*

„Est igitur“ inquit AFRICANUS „res publica res populi, populus autem non omnis hominum coetus quoquo modo congregatus, sed coetus multitudinis iuris consensu et utilitatis communione sociatus. Eius autem prima causa coëundi est non tam inbecillitas quam naturalis quaedam hominum quasi congregatio. Non est enim singulare nec solivagum genus hoc, sed ita generatum, ut ne in omnium quidem rerum affluen⟨tia ...⟩“ *

40 *In den verlorenen etwa 15 Zeilen war (wie wir aus Laktanz wissen) ausgeführt, daß der Mensch auch im Überfluß nach Gemeinschaft strebt und ihr nützen will.*

41 * ⟨... iustitiae quae⟩dam quasi semina, neque reliquarum virtutum nec ipsius rei publicae reperiatur ulla institutio. Hi coetus igitur – hac, de qua exposui, causa instituti – sedem primum certo loco domiciliorum causa constituerunt. Quam cum locis manuque saepsissent, eius modi coniunctionem tectorum oppidum vel urbem appellaverunt, delubris distinctam spatiisque communibus. Omnis ergo populus, qui est talis coetus multitudinis, qualem exposui, omnis civitas, quae est constitutio populi, omnis res publica, quae, ut dixi, populi res est, consilio quodam regenda est, ut diuturna sit. Id autem consilium primum semper ad eam causam referendum est, quae causa genuit civitatem.

42 *Die einzelnen Verfassungsformen*

Deinde aut uni tribuendum est aut delectis quibusdam, aut suscipiendum est multitudini atque omnibus. Quare cum penes unum est omnium summa rerum, regem illum unum vocamus et regnum eius rei publicae statum. Cum autem est penes delectos, tum illa civitas optimatium arbitrio regi dicitur. Illa autem est civitas popularis – sic enim appellant –, in qua in populo sunt omnia. Atque horum trium generum quodvis, si teneat illud vinculum, quod primum homines inter se rei publicae societate devinxit, non perfectum illud quidem

---

39

quōquō modō: auf beliebige Weise · **congregāre** (*zu* grex, gregis *m.* Herde): (wie eine Herde) zusammenschließen, zusammenscharen · **sociāre:** gesellschaftlich einen · **eius** *meint* multitūdinis · **imbecillitās:** Schwäche · (naturālis) quaedam: *5 · **congregātiō:** *hier* der Trieb zum Zusammenschluß · **singulāris:** einzelgängerisch, (allein) auf sich gestellt · **ita generātus:** so geartet · **affluentia:** Überfluß

41

sēmen, -inis *n.:* Samen · **īnstitūtiō:** hier Entwicklung · **domicilium:** Wohnsitz, Heimat · **locīs manūque saepīre:** durch (Ausnutzen des) Gelände(s) und künstlich befestigen (umzäunen) · **dēlūbrum:** Heiligtum · **distinguere:** auszeichnen, verschönern · **spatia commūnia:** öffentliche Plätze · cōnstitūtio: *1 · cōnsilium: *2 · **diūturnus** (*zu* diū, diēs): dauerhaft · **referre ad aliquid:** (zurück)beziehen auf etwas

42

(multitūdō) atque (omnēs): (die Menge), d.h. (alle) · **omnium summa rērum:** Vollmacht in allen Belangen · status: *1 · **penes** *Präp. + Akk.:* bei, in der Hand von · **arbitrium:** freie Entscheidung, freier Wille · **populāris:** demokratisch · **dēvincīre** ≈ vincīre · **quidem ..., tamen** ≈ quidem ... sed (*5) · **tolerābilis:** erträglich · **et aliud ut** ≈ et ut aliud · **intericere:** beimengen

neque mea sententia optimum, sed tolerabile tamen, et aliud ut alio possit esse praestantius. Nam *vel* rex aequus ac sapiens *vel* delecti ac principes cives *vel* ipse populus, quamquam id est minime probandum, tamen nullis interiectis iniquitatibus aut cupiditatibus posse videtur aliquo esse non incerto statu.

Sed *et* in regnis nimis expertes sunt ceteri communis iuris et consilii, *et* in optimatium dominatu vix particeps libertatis potest esse multitudo, cum omni consilio communi ac potestate careat, *et cum* omnia per populum geruntur quamvis iustum atque moderatum, *tamen* ipsa aequabilitas est iniqua, cum habet nullos gradus dignitatis. Itaque si Cyrus ille Perses iustissimus fuit sapientissimusque rex, tamen mihi populi res – ea enim est, ut dixi antea, publica – non maxime expetenda fuisse illa videtur, cum regeretur unius nutu ac modo. Si Massilienses, nostri clientes, per delectos et principes cives summa iustitia reguntur, inest tamen in ea condicione populi similitudo quaedam servitutis. Si Athenienses quibusdam temporibus sublato Areopago nihil nisi populi scitis ac decretis agebant, quoniam distinctos dignitatis gradus non habebant, non tenebat ornatum suum civitas. **43** *Die Mängel der einzelnen Verfassungsformen*

Atque hoc loquor de tribus his generibus rerum publicarum non turbatis atque permixtis, sed suum statum tenentibus. Quae genera primum sunt in iis singula vitiis, quae ante dixi, deinde habent perniciosa alia vitia. Nullum est enim genus illarum rerum publicarum, quod non habeat iter ad finitimum quoddam malum praeceps ac lubricum. Nam illi regi – ut eum potissimum nominem – tolerabili aut, si voltis, etiam amabili, Cyro, subest ad inmutandi animi licentiam crudelissimus ille Phalaris, cuius in similitudinem dominatus unius proclivi cursu et facile delabitur. Illi autem Massiliensium paucorum et principum administrationi civitatis finitimus est, qui fuit **44**

43

cōnsilium: *2 · dominātus *und* potestās: *3 · **et cum omnia per populum geruntur quamvis iūstum ..., tamen ...:** und selbst wenn alles sogar durch das allergerechteste Volk ... durchgeführt wird, so ... dennoch ... · **aequābilitās:** *3 · **sī (Cyrus) ..., tamen:** mag auch ..., so doch ... · **Cyrus Perses:** der Perser Kyros, *599–529, Gründer der Persermacht, in Rom bekannt durch Xenophons Schrift über seine Jugend und Erziehung* · **nūtus,** -ūs: Wink · **Massiliensēs:** die Bewohner von Massilia *(d. i. Marseille)* · **condiciō:** Rechtsstellung · **Arēopagus:** *eigtl. „Hügel des Ares (= Mars)" in Athen, Name des dort tagenden, von Kleisthenes entmachteten Adelsrats* · **populī scīta et decrēta:** die Beschlüsse und Entscheidungen des Volkes · **ornātus,** -ūs: Schmuck, Schönheit

44

genera rērum pūblicārum: *1 · **turbātus atque permixtus:** aufgewühlt und durcheinandergebracht · **tenēre suum statum:** seine Eigenart wahren · **in vitiō esse:** mit einem Fehler behaftet sein · **lūbricus:** schlüpfrig, rutschig · **tolerābilis:** erträglich · **subesse alicui:** hinter jem. stehen · **ad immūtandī animī licentiam:** bei der (schrankenlosen) Freiheit, seine Haltung zu ändern · **Phalaris:** *Tyrann von Agrigent (Sizilien) im 6. Jahrhundert, galt als Muster der Unmenschlichkeit* · **cuius in similitūdinem:** zu dessen Abbild · dominātus: *3 · **proclīvis cursus:** abschüssige Bahn · **dēlābī:** abstürzen, entarten

quodam tempore apud Athenienses triginta virorum illorum consensus et factio. Iam Atheniensium populi potestatem omnium rerum ipsi, ne alios requiramus, ad furorem multitudinis licentiamque conversam pesti⟨feram fuisse⟩ ∗

In dem verlorenen Abschnitt war dargelegt, daß Maßlosigkeit und Egoismus die staatliche Gemeinschaft gefährde und der Tyrann aus nimia licentia *hervorgehe.*

45 ∗ [. . .] mirique sunt orbes et quasi circuitus in rebus publicis commutationum et vicissitudinum. Quos cum cognosse sapientis est, tum vero prospicere inpendentīs in gubernanda re publica moderantem cursum atque in sua potestate retinentem magni cuiusdam civis et divini paene est viri. Itaque quartum quoddam genus rei publicae maxime probandum esse sentio, quod est ex his, quae prima dixi, moderatum et permixtum tribus."

46 Hic LAELIUS: „Scio tibi ita placere, Africane; saepe enim ex te audivi; sed tamen, nisi molestum est, ex tribus istis modis rerum publicarum velim scire quod optimum iudices. [. . .]" ∗

In der hier folgenden Lücke erwiderte Scipio auf Laelius' Frage nach der besten Verfassung, diese Frage sei schwer beantwortbar. Deshalb wolle er die Argumente der Verfechter der Einzelverfassungen vortragen.

47 *Rede für die Demokratie*

(SCIPIO:) „∗ et talis est quaeque res publica, qualis eius aut natura aut voluntas, qui illam regit. Itaque nulla alia in civitate, nisi in qua populi potestas summa est, ullum domicilium libertas habet. Qua quidem certe nihil potest esse dulcius et quae, si aequa non est, ne libertas quidem est. Quī autem aequa potest esse – omitto dicere in regno, ubi ne obscura quidem est aut dubia servitus, sed in istis civitatibus, in quibus verbo sunt liberi omnes? Ferunt enim suffragia, mandant inperia magistratus, ambiuntur, rogantur, sed ea dant, quae, etiamsi nolint, danda sint, et quae ipsi non habent, unde alii petunt; sunt enim expertes imperii, consilii publici, iudicii delec-

---

trīginta virōrum . . . factiō: „die Dreißig (Tyrannen)", *aristokr. Gruppe, die, 404 zur Erarbeitung einer neuen Verfassung eingesetzt, die Macht an sich riß (bis 403)* · **iam (Athen.):** ferner (gar) · **requīrere aliquem:** fragen/forschen nach jem. · **licentia:** Willkürherrschaft · convertere: *2 · **pestifer:** verderbenbringend

45
orbis; circuitus; gūbernāre; moderārī: *alle* *2 · **quasi:** *mildert die Metapher ab.* · **vicissitūdō,** -dinis: Wechsel · **cōgnōsse** ≈ cōgnōvisse · **impendēre:** bevorstehen · (māgnus) quīdam: *5 · **moderātum et permixtum:** „in maßvoller Ausgewogenheit"

46
ex tribus modīs . . . quod optimum iūdicēs: quem ex tr. m. . . . optimum (modum) iūdicēs

47
natūra: Charakter · **domicilium:** Wohnung, Heimat · **quā (quidem certe) . . . et quae:** *relative Satzanschlüsse* · quī *und* omittō: *5 · **verbō:** dem Wort nach · **suffrāgia ferre:** die Stimme abgeben · **imperia – magistrātūs:** (militärische) Befehlsstellen – (zivile) Amtsstellen · **ambīre:** umwerben · **et quae . . . ipsī non habent, unde** ≈ et ea, quae eī ipsī non habent, a quibus · **cōnsilium pūblicum:** Staatsrat *(gemeint ist der Senat)* · **iūdicium dēlēctōrum iudicum:** ein

torum iudicum, quae familiarum vetustatibus aut pecuniis ponderantur. [. . .] *

In der Lücke war wohl dargelegt, wie die Reichen alle Macht gewannen, die Armen nur mehr dem Scheine nach Freiheit wahrten.

* ⟨Si ex po⟩pulo aliquis unus pluresve divitiores opulentioresque ex- **48**
titissent, tum ex eorum fastidio et superbia nata esse commemorant, cedentibus ignavis et inbecillis et adrogantiae divitum succumbentibus.

Si vero ius suum populi teneant, negant quicquam esse praestantius, liberius, beatius, quippe qui domini sint legum, iudiciorum, belli, pacis, foederum, capitis unius cuiusque, pecuniae. Hanc unam rite rem publicam, id est rem populi, appellari putant. Itaque et a regum et a patrum dominatione solere in libertatem rem populi vindicari, non ex liberis populis reges requiri aut potestatem atque opes optimatium.

Et vero negant oportere indomiti populi vitio genus hoc totum **49**
liberi populi repudiari: concordi populo et omnia referente ad incolumitatem et ad libertatem suam nihil esse inmutabilius, nihil firmius. Facillimam autem in ea re publica esse posse concordiam, in qua idem conducat omnibus; ex utilitatis varietatibus, cum aliis aliud expediat, nasci discordias. Itaque cum patres rerum potirentur, numquam constitisse civitatis statum. Multo iam id in regnis minus, quorum, ut ait Ennius, ‚nulla sancta societas nec fides est'.

Quare cum lex sit civilis societatis vinculum, ius autem legis aequale: quo iure societas civium teneri potest, cum par non sit condicio civium? Si enim pecunias aequari non placet, si ingenia omnium paria esse non possunt, iura certe paria debent esse eorum inter se, qui sunt cives in eadem re publica. Quid est enim civitas nisi iuris societas civium? *

Gerichtshof (bestehend) aus ausgewählten Richtern · **vetustās:** Alter · **ponderāre** (*zu* pondus, -eris) **aliquā rē:** nach etwas abwägen

48
opulentus: wohlhabend · **ex(s)istere:** hervortreten · **fastīdium:** Dünkel, Einbildung · **nāta esse:** *erg. etwa* ea mala · **īgnāvus:** untätig, untüchtig · **imbecillus:** schwach · **succumbere:** unterliegen
negant: *nämlich die Verfechter der Demokratie* · **quippe quī** ≈ praesertim quī · **dominī capitis:** Herren über Leben und Tod · **rītē:** *5 · **in lībertātem vindicāre:** *(durch einen Rechtsakt)* in die Freiheit führen · **requīrere:** verlangen

49
et vērō: und in der Tat · **indomitus:** ungezähmt · **vitium:** *hier* das Verschulden · **repudiāre:** zurückweisen · **concors,** *Gen.* concordis: einträchtig · **referre ad aliquid:** auf etwas beziehen · **incolumitās:** Unversehrtheit · immūtābilis: *2 · **condūcit:** es nützt · **varietātēs:** Unterschiede · **expedit** ≈ condūcit · **cōnsistere:** *hier* Festigkeit gewinnen · **Ennius:** *vgl. zu 1,3* · **(iūs autem) lēgis aequāle** *(präd.)* ≈ lēgis aequālitās: Gleichheit vor dem Gesetz · **condiciō:** *hier* Rechtslage · **placet:** man ist gewillt, man läßt gelten

In der folgenden Lücke endete wahrscheinlich die Rede über die Demokratie, und es setzte vermutlich eine über die Monarchie ein.

50 *Rede für die Monarchie (?)*

(SCIP.) * ⟨Soli huic viro iure nomen divinum regis ab omnibus conceditur.⟩ Ceteras vero res publicas ne appellandas quidem putant iis nominibus, quibus illae sese appellari velint. Cur enim regem appellem Iovis optimi nomine hominem dominandi cupidum aut imperii singularis, populo oppresso dominantem, non tyrannum potius? Tam enim esse clemens tyrannus quam rex inportunus potest, ut hoc populorum intersit, utrum comi domino an aspero serviant; quin serviant quidem, fieri non potest. Quo autem modo adsequi poterat Lacedaemo illa tum, cum praestare putabatur disciplina rei publicae, ut bonis uteretur iustisque regibus, cum esset habendus rex, quicumque genere regio natus esset? Nam optimatīs quidem quis ferat, qui non populi concessu, sed suis comitiis hoc sibi nomen adrogaverunt? Quī enim iudicatur iste optimus? ‚Doctrina, artibus, studiis', audio: quando? *

In den verlorenen Zeilen endete wohl die Rede für die Monarchie, und es begann die für die Aristokratie.

51 *Rede für die Aristokratie*

(SCIP.) * Si fortuito id faciet, tam cito evertetur quam navis, si e vectoribus sorte ductus ad gubernacula accesserit. Quodsi liber populus deliget, quibus se committat, deligetque – si modo salvus esse vult – optimum quemque, certe in optimorum consiliis posita est civitatium salus, praesertim cum hoc natura tulerit, non solum ut summi virtute et animo praeesse inbecillioribus, sed ut hi etiam parere summis velint.

Verum hunc optimum statum pravis hominum opinionibus eversum esse dicunt, qui ignoratione virtutis, quae cum in paucis est, tum a paucis iudicatur et cernitur, opulentos homines et copiosos, tum genere nobili natos esse optimos putant. Hoc errore vulgi cum rem publicam opes paucorum, non virtutes tenere coeperunt, nomen illi principes optimatium mordicus tenent, re autem carent eo nomine.

50
appellem: *dubitativer Konj.* · **Iovis optimī nōmine:** *Zeus/Jupiter wurde als „König" (der Götter und Menschen) bezeichnet.* · dominārī: *3 · **imperium singulāre:** Alleinherrschaft · **clēmēns:** sanft, menschlich · **importūnus:** unmenschlich, brutal · **cōmis:** freundlich, umgänglich · **asper:** *hier* hart(herzig) · **fierī nōn potest, quīn** (≈ ut nōn): auf jeden Fall · **Lacedaemō,** -onis *f:* Lakedämon *(= Sparta)* · disciplīna: *1 · **sibi adrogāre:** sich anmaßen · **quī** (enim): *5
51
fortuītō *(Adv.):* zufällig · **faciet:** f. populus · **citō:** schnell, rasch · **ēvertere:** umstürzen, scheitern lassen; **evertī:** scheitern · **vector:** Ruderer · **gubernācula:** *2 · **dēliget:** d. eōs · **sī modo:** *5 · **salvus:** heil, unversehrt · **positum esse in aliquā rē:** *5 · **cīvitātium** ≈ cīvitātum · **natūra fert, ut:** die Natur(ordnung) bringt es mit sich, daß · **imbecillus:** schwach
status: *1 · **prāvus:** verkehrt · **īgnōrātiōne virtūtis:** in Unkenntnis der Vorzüglichkeit · **opulentus:** wohlhabend; **cōpiōsus:** reich · **tenēre:** *hier* beherrschen · **mordicus** *(Adv.):* verbissen, mit den Zähnen · **rē** ≈ rē verā · **eō nōmine carēre:** nicht unter diesen Begriff fallen · **dēdecus** *und* **īnsolēns:** *4 · **dēfōrmis,** e: mißgebildet, abstoßend

Nam divitiae, nomen, opes vacuae consilio *et* vivendi atque aliis imperandi modo dedecoris plenae sunt *et* insolentis superbiae, nec ulla deformior species est civitatis quam illa, in qua opulentissimi optimi putantur.

Virtute vero gubernante rem publicam quid potest esse praeclarius? cum is, qui imperat aliis, servit ipse nulli cupiditati, cum, quas ad res civīs instituit et vocat, eas omnīs conplexus est ipse nec leges inponit populo, quibus ipse non pareat, sed suam vitam ut legem praefert suis civibus. **52**

Qui si unus satis omnia consequi posset, nihil opus esset pluribus; si universi videre optimum et in eo consentire possent, nemo delectos principes quaereret. Difficultas ineundi consilii rem a rege ad plures, error et temeritas populorum a multitudine ad paucos transtulit. Sic inter infirmitatem unius temeritatemque multorum medium optimates possederunt locum, quo nihil potest esse moderatius. Quibus rem publicam tuentibus beatissimos esse populos necesse est, vacuos omni cura et cogitatione, aliis permisso otio suo, quibus id tuendum est neque committendum, ut sua commoda populus neglegi a principibus putet.

Nam aequabilitas quidem iuris, quam amplexantur liberi populi, *neque* servari potest – ipsi enim populi, quamvis soluti ecfrenatique sint, praecipue multis multa tribuunt, et est in ipsis magnus dilectus hominum et dignitatum – ea*que*, quae appellatur, aequabilitas iniquissima est: cum enim par habetur honos summis et infimis, qui sint in omni populo necesse est, ipsa aequitas iniquissima est; quod in iis civitatibus, quae ab optimis reguntur, accidere non potest. Haec fere, Laeli, et quaedam eiusdem generis ab iis, qui eam formam rei publicae maxime laudant, disputari solent.“ **53**

Tum LAELIUS: „Quid tu“ inquit „Scipio? E tribus istis quod maxime probas?“ (SCIP.) „Recte quaeris, quod maxime e tribus, quoniam eorum nullum ipsum per se separatim probo anteponoque singulis illud, quod conflatum fuerit ex omnibus. [. . .]“ **54**

52

gūbernārī: *2 · **Sb: cum quās ad rēs c. īnstituit . . ., eās o. complexus est i.** ≈ cum eās rēs, ad quās cīvīs īnstituit, omnēs complexus est ipse; **rēs:** Aufgaben; **complectī:** *hier* festhalten · **cōnsilium inīre:** *hier* den (rechten) Rat finden · **rēs:** *hier* Macht · **temeritās:** Unüberlegtheit, Leichtfertigkeit · **medius . . . locus:** Zwischenstellung, Mitte · **cōgitātiō:** das Nachdenken · **permittere:** überlassen, anvertrauen · **committere, ut:** es dahin kommen lassen · **commoda** *n.pl.:* Interessen

53

aequābilitās: *3 · **amplexārī:** beanspruchen · **neque . . . potest . . . eaque . . . est:** kann erstens nicht . . . und ist zweitens . . . · **quamvīs solūtus:** wenn auch (noch so) ungebunden · **ecfrēnātus:** frei vom Zügel, ohne Lenkung · **praecipuē** (prae + capere): vornehmlich, vorzugsweise · **dīlēctus,** -ūs: Auswahl · **dīgnitātēs:** Ehrenstellen · **quae appellātur:** *im Dt. Adjektiv* · **aequābilitās** *und* aequitās: *3 · forma reī pūblicae: *1

54a

separātim: getrennt, für sich · **cōnflāre:** verschmelzen

Dialog zwischen Laelius und Scipio

54b/55 *In dem nicht aufgenommenen Abschnitt bedrängt Laelius Scipio, die Frage zu klären, welche der Verfassungsformen er für die beste hält. Scipio kann sich nicht entscheiden, wenngleich er der Monarchie zuneigt. Denn alle Einzelverfassungen können Vorzüge für sich geltend machen.*

56 *Das Königtum als die relativ beste Verfassungsform*

(SCIP.) „Imitemur ergo Aratum, qui magnis de rebus dicere exordiens a Iove incipiendum putat.“ (LAEL.) „Quo Iove? aut quid habet illius carminis simile haec oratio?“ (SCIP.) „Tantum,“ inquit „ut rite ab eo dicendi principia capiamus, quem unum omnium deorum et hominum regem esse omnes docti indoctique consentiunt.“ „Quid?“ inquit LAELIUS. Et ille (SCIP.) „Quid censes, nisi quod est ante oculos? *Sive* haec ad utilitatem vitae constituta sint a principibus rerum publicarum, ut rex putaretur unus esse in caelo, qui nutu, ut ait Homerus, totum Olympum converteret idemque et rex et pater haberetur omnium, magna auctoritas est multique testes (siquidem omnīs multos appellari placet) ita consensisse gentes decretis videlicet principum nihil esse rege melius, quoniam deos omnīs censent unius regi numine; *sive* haec in errore inperitorum posita esse et fabularum similia dicimus, audiamus communīs quasi doctores eruditorum hominum, qui tamquam oculis illa viderunt, quae nos vix audiendo cognoscimus.“ „Quinam“ inquit LAELIUS „isti sunt?“ Et ille (SCIP.) „Qui natura omnium rerum pervestiganda senserunt omnem hunc mundum mente ⟨esse perfusum⟩“ ∗

57/58 *In der anschließenden Lücke folgte auf das philosophische Argument – der Staat soll wie das Weltall von* einem *Geist gelenkt werden – die historische Argumentation: Griechen und Römer ließen sich in alter Zeit von Königen regieren. Es folgen Beispiele (hier nicht aufgenommen).*

59 Tum LAELIUS: „Video te, Scipio, testimoniis satis instructum, sed apud me, ut apud bonum iudicem, argumenta plus quam testes valent.“ Tum SCIPIO: „Utere igitur argumento, Laeli, tute ipse sensus tui.“ „Cuius“ inquit ille (LAEL.) „sensus?“ (SCIP.) „Si quando, si forte

---

56

Arātus *(aus Soloi auf Zypern, 313–239) verfaßte ein Lehrgedicht über die Sterne, das Cicero übersetzt hat; es fängt an mit den Worten: „Mit Zeus wollen wir beginnen“.* · **incipere ab aliquā rē:** mit etwas beginnen · **quo Iove?:** wie, mit Jupiter? warum mit J.? · **rītē:** *5 · **sīve . . . sīve:** falls . . . (sein sollte), falls andererseits . . .; **Sb:** SIVE haec . . . constitūta sint . . ., māgna auctoritās est multīque testēs (HS) → cōnsēnsisse gentēs → nihil . . . esse . . ., SIVE . . . didicimus, audiāmus . . . (HS)

ūtilitās vītae: Lebenshilfe · cōnstituere: *1 · **nūtus,** -ūs: Wink · **Homērus:** *Anspielung auf Ilias 1,528f: „. . . und mit den dunklen Brauen winkte Kronion . . . und ließ den großen Olymp erbeben.“* · **dēcrētum:** Entscheidung · **siquidem, vidēlicet, positum esse in aliquā rē:** *alle* *5 · **doctōrēs ērudītōrum hominum:** *gemeint sind die Philosophen* · **tamquam:** gewissermaßen · **pervestīgāre:** durchforschen · **perfūsus:** durchströmt

tibi visus es irasci alicui.“ (LAEL.) „Ego vero saepius quam vellem.“
(SCIP.) „Quid? Tum, cum tu es iratus, permittis illi iracundiae domi-
natum animi tui?“ (LAEL.) „Non mehercule,“ inquit „sed imitor Ar-
chytam illum Tarentinum, qui, cum ad villam venisset et omnia aliter
offendisset ac iusserat, ‚a te felicem,‘ inquit vilico ‚quem necassem
iam verberibus, nisi iratus essem.‘“ „Optime“ inquit SCIPIO. „Ergo 60
Archytas iracundiam videlicet dissidentem a ratione seditionem
quandam animi esse iure ducebat atque eam consilio sedari volebat;
adde avaritiam, adde imperii, adde gloriae cupiditatem, adde libidi-
nes, et illud vides: si in animis hominum regale imperium sit, unius
fore dominatum, consilii scilicet – ea est enim animi pars optima –,
consilio autem dominante nullum esse libidinibus, nullum irae, nul-
lum temeritati locum.“ (LAEL.) „Sic“ inquit „est.“ (SCIP.) „Probas
igitur animum ita adfectum?“ (LAEL.) „Nihil vero“ inquit „magis.“
(SCIP.) „Ergo non probares, si consilio pulso libidines, quae sunt
innumerabiles, iracundiaeve tenerent omnia?“ (LAEL.) „Ego vero
nihil isto animo, nihil ita animato homine miserius ducerem.“ (SCIP.)
„Sub regno igitur tibi esse placet omnīs animi partes et eas regi
consilio?“ (LAEL.) „Mihi vero sic placet.“ (SCIP.) „Cur igitur dubitas,
quid de re publica sentias? in qua si in plures translata res sit, intel-
legi iam licet nullum fore quod praesit imperium, quod quidem, nisi
unum sit, esse nullum potest.“

Tum LAELIUS: „Quid, quaeso, interest inter unum et plures, si 61
iustitia est in pluribus?“ Et SCIPIO: „Quoniam testibus meis intellexi,
Laeli, te non valde moveri, non desinam te uti teste, ut hoc quod
dico probem.“ „Me?“ inquit ille (LAEL.) „quonam modo?“ (SCIP.)
„Quia animum adverti nuper, cum essemus in Formiano, te familiae
valde interdicere, ut uni dicto audiens esset.“ (LAEL.) „Quippe vili-
co.“ (SCIP.) „Quid? Domi pluresne praesunt negotiis tuis?“ (LAEL.)
„Immo vero unus“ inquit. (SCIP.) „Quid? Totam domum num

59
tūtē ≈ tū · dominātus: *3 · **mehercule:** beim Herkules, wahrhaftig · **Archytās:** *pythagoreischer Philosoph, Mathematiker, Musiker und Staatsmann (4. Jh. v. Chr.)* · **offendere:** *hier* antreffen, vorfinden · **ā tē fēlīcem:** *Akk. des Ausrufs* · **vīlicus:** (Guts-)Verwalter · **verbera** *n.pl.:* Schläge

60
vidēlicet; scīlicet; (mihi) vērō: *alle* *5 · **dissidēre (ā ratiōne):** (der V.) widerstreben · **sēditiō** *und* cōnsilium: *2 · **sēdāre:** beruhigen, beschwichtigen · imperium; dominātus; dominārī: *3 · **temeritās:** Unüberlegtheit, Unbesonnenheit · **ita adfectus:** so (ein)gestimmt · **ita animātus:** so gesinnt

61
quaesō *(altlat.)* ≈ quaerō · **probāre:** *hier* glaubhaft machen, beweisen · **animum advertī** ≈ animadvertī + *AcI* · **Formiānum:** *Landgut (des Laelius) bei Formiae (an der Küste von Latium)* · **familia:** Gesinde · **interdīcere, ut:** befehlen, daß · **dictō audientem esse:** aufs Wort gehorchen · **vīlicus:** Gutsverwalter · **domī:** domus *ist* das Stadt-, vīlla das Landhaus · **immō verō:** ja sogar · sī modo: *5 · **prope modum:** nahezu

quis alter praeter te regit?" (LAEL.) „Minime vero." (SCIP.) „Quin tu igitur concedis idem in re publica singulorum dominatus, si modo iusti sint, esse optimos?" (LAEL.) „Adducor" inquit „et prope modum adsentior."

62 Et SCIPIO: „Tum magis adsentiare, Laeli, si – ut omittam similitudines: uni gubernatori, uni medico, si digni modo sint iis artibus, rectius esse alteri navem committere, aegrum alteri quam multis – ad maiora pervenero." (LAEL.) „Quaenam ista sunt?" (SCIP.) „Quid? Tu non vides unius inportunitate et superbia Tarquinii nomen huic populo in odium venisse regium?" (LAEL.) „Video vero" inquit. (SCIP.) „Ergo etiam illud vides, de quo progrediente oratione plura me dicturum puto: Tarquinio exacto mira quadam exultasse populum insolentia libertatis; tum exacti in exilium innocentes, tum bona direpta multorum, tum annui consules, tum demissi populo fasces, tum provocationes omnium rerum, tum secessiones plebis, tum prorsus ita acta pleraque, ut in populo essent omnia." (LAEL.) „Est," inquit
63 „ut dicis." „Est vero" inquit SCIPIO „in pace et otio – licet enim lascivire, dum nihil metuas – ut in navi ac saepe etiam in morbo levi. Sed *ut* ille, qui navigat, cum subito mare coepit horrescere, et ille aeger ingravescente morbo unius opem inplorat, *sic* noster populus in pace et domi imperat et ipsis magistratibus, minatur, recusat, appellat, provocat, in bello sic paret ut regi; valet enim salus plus quam libido. Gravioribus vero bellis etiam sine collega omne imperium nostri penes singulos esse voluerunt, quorum ipsum nomen vim suae potestatis indicat. Nam dictator quidem ab eo appellatur, quia dicitur, sed in nostris libris vides eum, Laeli, magistrum populi appellari." (LAEL.) „Video" inquit. Et SCIPIO: „Sapienter igitur illi vete⟨res⟩ *"

In der Lücke war argumentiert, die Vorfahren hätten weise gehandelt, als sie den Gedanken des imperium *durch Einführung der Diktatur wahrten. Dabei hätten sie die Gefahr des Königtums, das leicht zur Tyrannei ausarte, gemieden.*

62
omittere *und* sī modo: *5 · **similitūdo:** *hier* Vergleich · **gubernāre:** *2 · **ūnius ... Tarquīniī:** *starkes Hyperbaton* · **importūnitās:** Rücksichtslosigkeit, Brutalität · **exigere:** vertreiben, verbannen · (mīra) quaedam: *5 · **exultāre:** übermütig sein, überschäumen · **insolentia:** *4 · **annuus:** jährlich, für ein Jahr gewählt · **fascēs populō dēmittere:** die Rutenbündel *(Zeichen der Amtsgewalt)* vor dem Volk senken · **prōvocātiō** (rērum): Berufungsvollmacht *(in Rechtssachen)* · **sēcessiō:** *2 · **prorsus:** *5 · **in populō esse:** in der Macht des Volkes liegen

63
pāx et ōtium: äußerer und innerer Friede · **lascīvīre:** übermütig sein · **dum** + *Konj.:* wenn nur · **horrēscere:** rauh werden · **ingravēscere:** schwer werden, sich verschlimmern · **implōrāre:** erflehen · ipsīs (mag.): *5 · **recūsāre:** Widerspruch erheben · **appellāre:** als Beistand anrufen · **prōvocāre:** Berufung einlegen · **penes aliquem:** in Händen von jem. · **vīs:** *hier* Bedeutung · **in librīs nostrīs:** *gemeint sind die Auguralbücher, in denen kultische Regeln der augures (Vogelschauer) festgelegt waren.* · **magister populī** *ist der alte Titel des Diktators*

(SCIP.) * iusto quidem rege cum est populus orbatus, ‚pectora dura tenet desiderium', sicut ait Ennius, post optimi regis obitum; **64**

‚simul inter
Sese sic memorant: ‚O Romule Romule die,
Qualem te patriae custodem di genuerunt!
O pater, o genitor, o sanguen dis oriundum!''

Non eros nec dominos appellant eos, quibus iuste paruerunt, denique ne reges quidem, sed patriae custodes, sed patres, sed deos. Nec sine causa: quid enim adiungunt?

‚Tu produxisti nos intra luminis oras.'

Vitam, honorem, decus sibi datum esse iustitiā regis existimabant. Mansisset eadem voluntas in eorum posteris, si regum similitudo permansisset, sed vides unius iniustitia concidisse genus illud totum rei publicae." (LAEL.) „Video vero" inquit „et studeo cursus istos mutationum non magis in nostra quam in omni re publica noscere."

Et SCIPIO: „Est omnino – cum de illo genere rei publicae, quod maxime probo, quae sentio, dixero – accuratius mihi dicendum de commutationibus rerum publicarum, etsi minime facile eas in ea re publica futuras puto. Sed huius regiae prima et certissima est illa mutatio: cum rex iniustus esse coepit, perit illud ilico genus, et est idem ille tyrannus, deterrimum genus et finitimum optimo. Quem *si* optimates oppresserunt, quod ferme evenit, habet statum res publica de tribus secundarium; est enim quasi regium, id est patrium consilium populo bene consulentium principum. *Sin* per se populus interfecit aut eiecit tyrannum, est moderatior, quoad sentit et sapit et sua re gesta laetatur tuerique vult per se constitutam rem publicam. *Sin* quando aut regi iusto vim populus attulit regnove eum spoliavit aut etiam – id quod evenit saepius – optimatium sanguinem gustavit ac totam rem publicam substravit libidini suae: cave putes aut mare ullum aut flammam esse tantam, quam non facilius sit sedare quam effrenatam insolentia multitudinem! **65**

Entwicklungen. Die radikale Demokratie: permanente Revolution als Entartung der Freiheit

64
orbāre aliquā rē: einer Sache berauben · **Ennius:** *vgl. zu 1,3* · **obitus,** -ūs: Tod · **dīus** = dīvus · **memorāre:** *hier* sprechen · **(quālem) ... custōdem:** *prädikativ* · **sanguen** *n. (altlat.):* sanguis · **oriundus** *(altlat.):* ortus · **erus:** Herr, Gebieter · **prōdūcere:** emporführen · **ōra** *n. pl.:* Gestade, Gefilde · mūtātiō: *2
65
omnīnō: *5 · **Sb cum de illo g. r. p., quod ... probo, quae sentio, dixero** ≈ cum dixero ea, quae de illo genere rei p., quod ... probo, sentio · **accuratē:** genau · **īlicō** (*aus* in locō): auf der Stelle, sofort · **(et) est (idem)** ≈ fit · **dēterrimus** ≈ pessimus · **opprimere (tyrannum):** stürzen · **fermē:** *5 · **secundārius:** der zweitbeste · **patrius:** väterlich, patriarchalisch · cōnsilium: *1 · **moderātior:** ziemlich maßvoll · **sentīre et sapere:** Vernunft und Verstand haben · **vim afferre** (alicui): (jem.) Gewalt antun · **spoliāre** (aliquā rē): (einer Sache) berauben · **gustāre:** kosten · **substernere,** -ō, -strāvi, -strātum: unterwerfen · **cavē putēs** ≈ cavē, nē p. · **sēdāre:** beschwichtigen · **effrēnātus** *und* **īnsolentia:** *4 · **lūculentus** (*von* lūx): einleuchtend, anschaulich

66 Tum fit illud, quod apud Platonem est luculente dictum – si modo id exprimere Latine potuero; difficile factu est, sed conabor tamen. ‚*Cum*‘ enim inquit ‚inexplebiles populi fauces exaruerunt libertatis siti malisque usus ille ministris non modice temperatam, sed nimis meracam libertatem sitiens hausit, *tum* magistratus et principes, nisi valde lenes et remissi sint et large sibi libertatem ministrent, insequitur, insimulat, arguit, praepotentes reges tyrannos vocat.‘ Puto enim tibi haec esse nota.“ „Vero mihi“ inquit ille (LAEL.) „notissima.“
67 (SCIP.) „Ergo illa sequuntur: ‚Eos, qui pareant principibus, agitari ab eo populo et servos voluntarios appellari; eos autem, qui in magistratu privatorum similes esse velint, eosque privatos, qui efficiant, ne quid inter privatum et magistratum differat, efferunt laudibus, mactant honoribus, ut necesse sit in eius modi re publica plena libertatis esse omnia, ut et privata domus omnis vacet dominatione et hoc malum usque ad bestias perveniat, denique ut pater filium metuat, filius patrem neglegat, absit omnis pudor, ut plane liberi sint, nihil intersit, civis sit an peregrinus, magister ut discipulos metuat et iis blandiatur spernantque discipuli magistros, adulescentes ut senum sibi pondus adsumant, senes autem ad ludum adulescentium descendant, ne sint iis odiosi et graves. Ex quo fit, ut etiam servi se liberius gerant, uxores eodem iure sint quo viri, inque tanta libertate canes etiam et equi, aselli denique libere sic incurrant, ut iis de via decedendum sit. Ergo ex hac infinita‘ inquit ‚licentia haec summa cogitur, ut ita fastidiosae mollesque mentes evadant civium, ut, si minima vis adhibeatur imperii, irascantur et perferre nequeant; ex quo leges quoque incipiunt neglegere, ut plane sine ullo domino sint.‘“
68 Tum LAELIUS: „Prorsus“ inquit „expressa sunt a te, quae dicta sunt ab illo.“ (SCIPIO) „Atque – ut iam ad sermonis mei auctorem revertar – ex hac nimia licentia, quam illi solam libertatem putant, ait ille ut

---

66
Übersetzung (W. Sontheimer): „Wenn der unersättliche, freiheitsdurstige Schlund des Volkes ausgebrannt ist und das Volk mit Hilfe schlimmer Mundschenken die Freiheit nicht in maßvoller Mischung, sondern allzu rein dürstend getrunken hat, dann verfolgt es die Behörden und die an der Spitze des Staates stehenden Männer, sofern diese nicht recht milde und nachgiebig sind und ihm den Trank der Freiheit nicht aus vollen Bechern reichen, es bezichtigt sie, beschuldigt sie, nennt sie Machtbesessene, Könige, Tyrannen. Dies ist dir bekannt, wie ich glaube.“ (Laelius:) „Allerdings, gut bekannt.“

67
agitāre (*Intensivum zu* agere): hetzen, verfolgen · **servus voluntārius** *gibt Platons Wortschöpfung eleutherodoulos (‚Freisklave‘) wieder.* · **prīvātōrum similēs:** ganz wie Privatleute, Ebenbilder von P. · **mactāre honōribus:** mit Ehren auszeichnen · dominātiō: *3 · **peregrīnus:** Ausländer · **magister ut** ≈ ut magister · **blandīrī:** schmeicheln, schöntun · **adulescentēs ut** ≈ ut ad. · **pondus sibi adsūmere:** sich Bedeutung anmaßen · **dēscendere ad aliquid:** sich zu etwas herab-, herbeilassen · **ōdiōsus** (*zu* ōdisse): verhaßt, unbeliebt · **asellus:** *Deminutiv zu* asinus: Esel · **summa cōgitur:** es folgt das Ergebnis · **fastīdiōsus:** dünkelhaft, eingebildet · **mollis:** verweichlicht · **ēvādere:** hervorgehen, werden

ex stirpe quadam existere et quasi nasci tyrannum. Nam ut ex nimia potentia principum oritur interitus principum, sic hunc nimis liberum populum libertas ipsa servitute adficit. Sic omnia nimia, cum vel in tempestate vel in agris vel in corporibus laetiora fuerunt, in contraria fere convertuntur, maximeque id in rebus publicis evenit, nimiaque illa libertas et populis et privatis in nimiam servitutem cadit. Itaque ex hac maxima libertate tyrannus gignitur et illa iniustissima et durissima servitus. Ex hoc enim populo indomito vel potius immani deligitur aliqui plerumque dux contra illos principes adflictos iam et depulsos loco, audax, inpurus, consectans proterve bene saepe de re publica meritos, populo gratificans et aliena et sua. Cui quia privato sunt oppositi timores, dantur imperia et ea continuantur, praesidiis etiam, ut Athenis Pisistratus, saepiuntur, postremo, a quibus producti sunt, existunt eorum ipsorum tyranni. Quos si boni oppresserunt, ut saepe fit, recreatur civitas; sin audaces, fit illa factio, genus aliud tyrannorum, eademque oritur etiam ex illo saepe optimatium praeclaro statu, cum ipsos principes aliqua pravitas de via deflexit. Sic tamquam pilam rapiunt inter se rei publicae statum tyranni ab regibus, ab iis autem principes aut populi, a quibus aut factiones aut tyranni, nec diutius unquam tenetur idem rei publicae modus.

Die sententia Scipios:
69
Hinweis auf die Mischverfassung

Quod ita cum sit, ex tribus primis generibus longe praestat meā sententiā regium, regio autem ipsi praestabit id, quod erit aequatum et temperatum ex tribus primis rerum publicarum modis. Placet enim esse quiddam in re publica praestans et regale, esse aliud auctoritati principum inpartitum ac tributum, esse quasdam res servatas iudicio voluntatique multitudinis. Haec constitutio primum habet aequabilitatem quandam, qua carere diutius vix possunt liberi, deinde firmitudinem, quod et illa prima facile in contraria vitia convertuntur, ut exsistat ex rege dominus, ex optimatibus factio, ex populo

68
prorsus: *5 · **sermōnis auctor:** Gewährsmann, Quelle (der Darlegung) · **stirps,** stirpis *f.*: Stamm, Wurzel · **existere:** hervorgehen · (lībertās) ipsa: *5 · **omnia nimia:** alles Übertriebene, alles Maßlose · **tempestās:** *hier* Wetter · **laetior:** zu üppig · convertī in contrāria: *2 · **indomitus:** ungezähmt · **vel potius:** oder vielmehr · **adflīgere,** -ō, -flixī, -flictum: zu Boden werfen · **consectārī:** verfolgen · **protervus:** frech · **grātificārī:** zum Geschenk machen · **oppōnī:** gegenübergestellt werden, drohen · imperium: *3 · **continuāre:** *hier* verlängern *(wohl in Widerspruch zur Rechtsgepflogenheit)* · **praesidium:** *hier* Leibwache · **Pīsistratus:** *Tyrann in Athen (560–528)* · **saepīre:** umgeben · **prōdūcere:** großziehen · **opprimere (tyrannum):** stürzen · **recreāre:** wiederherstellen · **prāvitās:** Schlechtigkeit, Verwerflichkeit · **dē viā dēflectere:** aus der Bahn werfen · **pila:** Ball

69 (→ **Lernwortschatz Nr. 1–3!*)
quod (ita cum sit) *bezieht sich auf den ganzen vorhergehenden Satz* · **aequātus et temperātus:** in ausgewogenem Verhältnis gemischt · **placet:** *hier* es scheint richtig · **rēgāle** ≈ rēgium · **inpartīre** (*zu* pars): aufteilen · **servāre** ≈ reservare · **vitium:** *hier* Verfallserscheinung ·

turba et confusio; quodque ipsa genera generibus saepe conmutantur novis, hoc in hac iuncta moderateque permixta constitutione rei publicae non ferme sine magnis principum vitiis evenit. Non est enim causa conversionis, ubi in suo quisque est gradu firmiter collocatus, et non subest, quo praecipitet ac decidat.

70 *– und auf die Geschichte Roms*

Sed vereor, Laeli vosque homines amicissimi ac prudentissimi, ne si diutius in hoc genere verser, quasi praecipientis cuiusdam et docentis et non vobiscum simul considerantis esse videatur oratio mea. Quam ob rem ingrediar in ea, quae nota sunt omnibus, quaesita autem a nobis iam diu. Sic enim decerno, sic sentio, sic adfirmo: nullam omnium rerum publicarum aut constitutione aut discriptione aut disciplina conferendam esse cum ea, quam patres nostri nobis acceptam iam inde a maioribus reliquerunt. Quam – si placet, quoniam ea, quae tenebatis ipsi, etiam ex me audire voluistis, – simul et qualis sit et optimam esse ostendam expositaque ad exemplum nostra re publica accommodabo ad eam, si potero, omnem illam orationem, quae est mihi habenda de optimo civitatis statu. Quod si tenere et consequi potuero, cumulate munus hoc, cui me Laelius praeposuit, ut opinio mea fert, effecero."

71 Tum LAELIUS: „Tuum vero" inquit „Scipio, ac tuum quidem unius. Quis enim te potius *aut* de maiorum dixerit institutis, cum sis clarissimis ipse maioribus, *aut* de optimo statu civitatis – quem si habemus, etsi ne nunc quidem, tum vero, quis te possit esse florentior? – *aut* de consiliis in posterum providendis, cum tu duobus huius urbis terroribus depulsis in omne tempus prospexeris?"

---

turba et cōnfūsiō *(Hendiadyoin):* der wirre Haufe (der Masse), die Pöbelherrschaft (Ochlokratie) · fermē: *5 · **firmiter** *(altlateinisch)* ≈ firmē · **ubi ... nōn subest, quō praecipitet ac dēcidat:** wo ... nicht ein Abgrund sich auftut, in den er haltlos abstürzt ...

70 (→ *1)
prūdēns: *4 · **versārī in eō genere:** *erg.* disputātiōnis · **praecipere:** (Einzel-)Vorschriften geben · **dēcernere:** *hier* urteilen · **acceptam:** *prädikativ* · **iam inde:** schon damals · **quam patrēs ... reliquērunt:** *weist auf das 2. Buch voraus* · **simul ... et ... et** ≈ simul ... ac · **expōnere (ad exemplum):** darlegen (als Beispiel) · **accommodāre (ad aliquid):** (auf etwas) ausrichten, (nach etwas) richten · **cumulātē:** völlig · **tenēre:** *hier* wissen · **praepōnere aliquem mūnerī:** jem. mit einer Aufgabe betrauen · **ut opīniō mea fert** ≈ ut opīnor, ut reor

71
(tuum *erg.* mūnus) **vērō:** *2 · **ac tuum quidem** (*5) **ūnīus** *(Gen. possess.):* und sicherlich deine (Aufgabe) allein · status: *1 · **etsī nē nunc quidem** (*erg.* eum statum habēmus): freilich haben wir ihn sicherlich auch jetzt nicht · **flōrēns:** angesehen, unangefochten · **cōnsilia in posterum prōvidēre:** Entscheidungen für die Zukunft ins Auge fassen

Abb. 3: Römische Frühgeschichte auf Münzen der Republik.
a Die Römische Wölfin säugt Romulus und Remus. Didrachme, ca. 269 v. Chr.
b V: Dea Roma, mit attischem Flügelhelm, dessen Kamm in einem Greifenkopf endet; Wertzahl X (10 As/1 Denar); Münzen mit diesem Bild der typischen hellenistischen Stadtgöttin wurden im 2. Jahrhundert v. Chr. immer wieder geprägt. R: Die Dioskuren: sie halfen der Überlieferung nach den Römern in der Schlacht am See Regillus gegen die Latiner zum Sieg (490 v. Chr.). Silberdenar, Münzmeister C. Allius, ca. 210 v. Chr.
c Juppiter mit der Siegesgöttin auf einem Streitwagen. Der Gott, mit dem Blitzbündel in der Rechten, verhilft Rom zum Sieg. Silberdenar, ca. 235 v. Chr.
d/e Münzmeister erinnern an die großen Ahnen. – **d** V: Der Sabinerkönig Titus Tatius (Aufschrift SABIN und TA). R: Der Raub der Sabinerinnen. Denar des L. Titurius Sabinus, ca. 91 v. Chr. – **e** Die Könige Numa Pompilius und Ancus Marcius. Denar des C. Marcius Censorinus, ca. 82 v. Chr.
f V: Kopf der Libertas (Aufschrift). R: Der Konsul (L. Iunius) Brutus (Aufschrift) zwischen zwei Liktoren, die die fasces tragen, und ein weiterer Beamter. Münze des (Q. Caepio =) M. Iunius Brutus, ca. 55 v. Chr. geprägt (also noch bevor M. Brutus mit seinen Mitverschwörern Caesar erschlug).

LIBER SECUNDUS

Einleitung

Das Urteil Catos über die Geschichte Roms

1 ⁎ ⟨Cum omnes flagrarent cupi⟩ditate audiendi, ingressus est sic loqui SCIPIO: „Catonis hoc senis est, quem – ut scitis – unice dilexi maximeque sum admiratus cuique vel patris utriusque iudicio vel etiam meo studio me totum ab adulescentia dedidi. Cuius me numquam satiare potuit oratio. Tantus erat in homine usus rei publicae, quam et domi et militiae cum optime, tum etiam diutissime gesserat, et modus in dicendo et gravitate mixtus lepos et summum vel discendi studium vel docendi et orationi vita admodum congruens.

2 Is dicere solebat ob hanc causam praestare nostrae civitatis statum ceteris civitatibus, quod in illis singuli fuissent fere, quorum suam quisque rem publicam constituisset legibus atque institutis suis [. . .], nostra autem res publica non unius esset ingenio, sed multorum, nec una hominis vita, sed aliquot constituta saeculis et aetatibus. Nam neque ullum ingenium tantum extitisse dicebat, ut, quem res nulla fugeret, quisquam aliquando fuisset, neque cuncta ingenia conlata in unum tantum posse uno tempore providere, ut omnia complecterentur sine rerum usu ac vetustate.

3 Quam ob rem, ut ille solebat, ita nunc mea repetet oratio populi Romani originem. Libenter enim etiam verbo utor Catonis. Facilius autem, quod est propositum, consequar, si nostram rem publicam vobis et nascentem et crescentem et adultam et iam firmam atque robustam ostendero, quam si mihi aliquam, ut apud Platonem Socrates, ipse finxero."

1

flagrāre: brennen · **ingredī:** beginnen · **Catōnis hoc ... est:** es ist dies ein Wort Catos; **M. Porcius Cato** Censorinus *(234–149), 196 Konsul, 184 Zensor, Gegner griechischen Einflusses in Rom und der Scipionen* · **ūnicē:** einzigartig, besonders · **pater uterque:** *gemeint sind Scipios Vater (Aemilius Paulus) und dessen Adoptivvater (P. Corn. Scipio Africanus)* · **satiāre:** sättigen · **lepōs,** -oris *m.:* Feinheit, Witz · **congruere:** übereinstimmen

2

Sb . . . ob hanc causam praestare nostrae civitatis statum ceteris civ., quod in illis . . ., . . . constituisset, nostra autem res p. . . . esset . . . constituta *(starkes Hyperbaton)*
ferē: *5 · cōnstituere: *1 · **aetās:** Generation · **mē fugit:** es entgeht mir · **rērum ūsus et vetustās:** langjährige praktische Vertrautheit mit den Gegenständen

3

repetere: ins Gedächtnis zurückrufen, wieder aufrollen · **prōpositum:** Zielsetzung, Ziel · **adultus:** erwachsen · **rōbustus:** kraftvoll

Die Königszeit

4 *Romulus und die Gründung der res publica*

Hoc cum omnes adprobavissent, „Quod habemus" inquit „institutae rei publicae tam clarum ac tam omnibus notum exordium quam huius urbis condendae principium profectum a Romulo? Qui patre Marte natus – concedamus enim famae hominum, praesertim non inveteratae solum, sed etiam sapienter a maioribus proditae, bene meriti de rebus communibus, ut genere etiam putarentur, non solum ingenio esse divino – is igitur ut natus sit, cum Remo fratre dicitur ab Amulio, rege Albano, ob labefactandi regni timorem ad Tiberim exponi iussus esse. Quo in loco cum esset silvestris beluae sustentatus uberibus pastoresque eum sustulissent et in agresti cultu laboreque aluissent, perhibetur, ut adoleverit et corporis viribus ct animi ferocitate tantum ceteris praestitisse, ut omnes, qui tum eos agros, ubi hodie est haec urbs, incolebant, aequo animo illi libenterque parerent. Quorum copiis cum se ducem praebuisset, ut iam a fabulis ad facta veniamus, oppressisse Longam Albam, validam urbem et potentem temporibus illis, Amuliumque regem interemisse fertur.

In dem folgenden, hier nicht aufgenommenen Abschnitt berichtet Scipio, Romulus habe die Stadt nach dem Willen der Götter (auspicato) *und geleitet durch Weitsicht* (providentia) *in günstiger Lage gegründet, nahe genug am Meer, die sich dadurch bietenden wirtschaftlichen Vorteile zu nützen, weit genug davon entfernt, sie vor Flottenüberfällen und dem unheilvollen Einfluß vieler Fremder zu schützen. Dem Mangel an Frauen habe er durch einen zwar etwas barbarischen, aber doch wieder Weitblick verratenden Plan abgeholfen: den Raub der Sabinerinnen, beim Fest der Consualia, zu dem die sabinischen Nachbarn eingeladen waren. Der Krieg gegen die Sabiner sei durch deren Aufnahme in die religiöse und politische Gemeinschaft Roms sowie durch gemeinsame Regierung mit dem Sabinerkönig Titus Tatius beendet worden.* *5–13*

4

approbāre ≈ probāre · **quod habēmus ... exordium:** was haben wir als Anfang, wo haben wir einen A. · **proficīscī ab:** *hier* ausgehen von · **Sb Qui patre Marte nātus ... – is igitur ut nātus est:** *Anakoluth* · **fāma:** (mündliche) Überlieferung, Sage · **inveterātus:** alt, weit zurückreichend · **prōditus:** *hier* überliefert · **bene meritī de r. c. ut ... putārentur** ≈ ut bene meritī dē rēbus commūnibus (um die Interessen der Gemeinschaft) ... putārentur · **is ..., ut nātus sit, ... dīcitur ab Amuliō rēge Albānō ... expōnī iussus esse:** dieser ... soll gleich nach seiner Geburt, auf Befehl des Amulius, des Königs von Alba Longa, ... ausgesetzt worden sein. · **labefactāre:** *2 · **bēlua:** *4, *hier ist die Wölfin gemeint* · **sustentāre:** am Leben erhalten · **ūber,** is *n.:* Euter, Zitze · **tollere:** aufheben *(Zeichen der Anerkennung der Vaterschaft)* · **cultus, -ūs:** *hier* Lebensart · **perhibētur** ≈ dicitur, fertur · **aequō animō:** *hier* ohne Empörung · **fābulae:** Sagen, Legenden · **Longa Alba** (*sonst* Alba Longa): *Latinersiedlung beim heutigen Castel Gandolfo* · **interimere:** beseitigen, töten

14 *Die Begründung der Königsherrschaft durch Romulus*

Post interitum autem Tatii, cum ad eum dominatus omnis reccidisset, quamquam cum Tatio in regium consilium delegerat principes (qui appellati sunt propter caritatem patres) populumque et suo et Tati nomine et Lucumonis (qui Romuli socius in Sabino proelio occiderat) in tribus trīs curiasque triginta discripserat (quas curias earum nominibus nuncupavit, quae ex Sabinis virgines raptae postea fuerant oratrices pacis et foederis): sed quamquam ea Tatio sic erant discripta vivo, tamen eo interfecto multo etiam magis Romulus patrum auctoritate consilioque regnavit.

15 *– auf Mitherrschaft des Senates*

Quo facto primum vidit iudicavitque idem, quod Spartae Lycurgus paulo ante viderat: singulari imperio et potestate regia tum melius gubernari et regi civitates, si esset optimi cuiusque ad illam vim dominationis adiuncta auctoritas. Itaque hoc consilio et quasi senatu fultus et munitus et bella cum finitimis felicissime multa gessit, et cum ipse nihil ex praeda domum suam reportaret, locupletare civīs non destitit.

16 *und Beachtung der Auspizien*

Tum, id quod retinemus hodie magna cum salute rei publicae, auspiciis plurimum obsecutus est Romulus. Nam *et* ipse, quod principium rei publicae fuit, urbem condidit auspicato *et* omnibus publicis rebus instituendis, qui sibi adessent in auspiciis, ex singulis tribubus singulos cooptavit augures *et* habuit plebem in clientelas principum discriptam (quod, quantae fuerit utilitati, post videro) multaeque dictione ovium et boum – quod tunc erat res in pecore et locorum possessionibus, ex quo pecuniosi et locupletes vocabantur –, non vi et suppliciis coërcebat.

17 Ac Romulus cum septem et triginta regnavisset annos et haec egregia duo firmamenta rei publicae peperisset, auspicia et senatum,

---

14

interitus, -ūs (*zu* interīre): Untergang, Tod · dominātus: *3 · **recidere,** -ō, reccidī **ad aliquem:** jem. zufallen · rēgium cōnsilium: *2 · **Lucumō:** *latinisierte Form des etruskischen Wortes für König, hier Name eines etruskischen Königs* · **tribus,** ūs *f.*: Bezirk *(mit Bürgerliste)* · **cūria** (*aus* co-viria): Kurie; *30 Kurien, Verbände von Großfamilien, nehmen in den* comitia cūriāta *die (politisch wichtigen!) religiösen Entscheidungen wahr.* · **discrībere:** *1 · **nuncupāre** *(Sakralsprache):* (feierlich) benennen · **virginēs:** *prädikativ* · **ōrātrīx,** -cis: Fürbitterin · **Tatiō ... vīvō:** *Hyperbaton*

15

Quō factō: *Abl. instr.* · **prīmum** *bezeichnet Punkt a,* **tum** *(§ 16) Punkt b* · **Lycūrgus:** *sagenhafter Begründer der spartanischen Verfassung (zwischen 11. und 8. Jh. angesetzt)* · imperium; potentia; dominātiō; auctoritās: *alle* *3 · **gubernāre:** *2 · **hōc cōnsiliō et quasi senātū** *(Hendiadyoin)* **fultus:** gestützt auf diesen Ältestenrat · **mūnīre:** festigen · **bella:** *Anspielung auf die Kriege gegen Veji und Fidenae* · **fēlīx:** *hier* erfolgreich · **locuplētāre** (*zu* locuplēs): reich machen

16

tum: *vgl. zu* prīmum (§ 15) · **māgnā cum salūte:** sehr zum Segen · **auspicia/auspicātō:** *3 · **obsequī:** gehorchen, sich richten nach · **cooptāre:** nachwählen · **augur:** Vogelschauer · **clientēla:** *3 · **discrībere:** *1 · **vīderō** *(umgangssprachlich)* ≈ vidēbō · **multae dictiō ovium et boum:** die Festlegung einer Buße (in Gestalt) von Schafen und Rindern · **pecūniōsus:** vermögend (pecūnia *leitet sich von* pecus *ab*) · **supplicium:** Todesstrafe, Leibesstrafe

tantum est consecutus, ut, cum subito sole obscurato non conparuisset, deorum in numero conlocatus putaretur. Quam opinionem nemo umquam mortalis adsequi potuit sine eximia virtutis gloria. *Die Apotheose des Romulus und ihre Aufnahme beim Volk*

Atque hoc eo magis est in Romulo admirandum, quod ceteri, qui dii ex hominibus facti esse dicuntur, minus eruditis hominum saeculis fuerunt, ut fingendi proclivis esset ratio, cum imperiti facile ad credendum inpellerentur, Romuli autem aetatem minus his sescentis annis iam inveteratis litteris atque doctrinis omnique illo antiquo ex inculta hominum vita errore sublato fuisse cernimus. **18**

Die Mythen Homers, in alter Zeit entstanden, fanden leicht Glauben. Daß dies auch für die Sage über Romulus gilt, obwohl sie schon aufgeklärter Zeit entstammt, muß besondere Gründe haben: *18b–20a*

Sed profecto tanta fuit in eo vis ingenii atque virtutis, ut id de Romulo Proculo Iulio homini agresti crederetur, quod multis iam ante saeclis nullo alio de mortali homines credidissent. Qui inpulsu patrum, quo illi a se invidiam interitus Romuli pellerent, in contione dixisse fertur a se visum esse in eo colle Romulum, qui nunc Quirinalis vocatur. Eum sibi mandasse, ut populum rogaret, ut sibi eo in colle delubrum fieret. Se deum esse et Quirinum vocari. **20**

Videtisne igitur unius viri consilio non solum ortum novum populum neque ut in cunabulis vagientem relictum, sed adultum iam et paene puberem?" Tum LAELIUS: „Nos vero videmus et te quidem ingressum ratione ad disputandum nova, quae nusquam est in Graecorum libris. Nam princeps ille, quo nemo in scribendo praestantior fuit, aream sibi sumpsit, in qua civitatem extrueret arbitratu suo, praeclaram ille quidem fortasse, sed a vita hominum abhorrentem et a **21** *Exkurs zur Methode der Erörterung*

17
firmāmentum: Stützpfeiler, Grundlage · **obscūrāre:** verdunkeln · **comparēre:** erscheinen · **in numerō deōrum collocāre:** unter die Götter versetzen · **opīniō:** *hier* Einschätzung · **eximius:** ausnehmend, ungewöhnlich

18
Sb . . . eo magis est admirandum, quod ceteri . . . fuerunt . . ., Romuli autem aetatem . . . fuisse cernimus
fingendī prōclīvis est ratiō: die Möglichkeit zur Sagenbildung liegt nahe (proclivis: abschüssig) · **minus hīs sescentīs annīs:** weniger als 600 Jahre vor unserer Zeit · **inveterātīs litterīs:** als die Schriftkenntnis eine Selbstverständlichkeit war · **doctrīna:** Wissenschaft · **inculta . . . vīta:** ein Leben in Unbildung · **antīquus error:** die Unwissenheit alter Zeit

20 b
agrestis: bäurisch, ungebildet · **saeclum** *(Synkope)* ≈ saeculum · **impulsus,** ūs: Veranlassung · **invidia** (interitūs): der böse Verdacht (wegen . . .) · **delūbrum:** Heiligtum · **Quirīnus:** *Kriegsgott der (auf dem Quirinal siedelnden) Sabiner*

21
cōnsilium: *2 · **ut** ≈ quasī *(entschuldigend)* · **in cunābilīs vagiēns:** (jammernder) Säugling in der Wiege · **adultus:** herangewachsen · **pūbēs,** *Gen.* -eris: erwachsen · **ratiō** (ad disputandum): Methode · **prīnceps:** *gemeint ist Platon* · **quō nēmō . . . praestantior fuit:** *im Dt. besser Substantiv* · **aream sibi sūmere:** sich ein Terrain nehmen · **ex(s)truere:** errichten · **arbitrātus,** -ūs: persönliches Urteil, Gutdünken · **vīta . . . et mōrēs:** Lebenswirklichkeit . . . Wertvorstellungen · **abhorrēscere ab aliquā rē:** *hier* entfernt sein von etwas

22 moribus. Reliqui disseruerunt sine ullo certo exemplari formaque rei publicae de generibus et de rationibus civitatum. Tu mihi videris utrumque facturus: Es enim ita ingressus, ut, quae ipse reperias, tribuere aliis malis, quam, ut facit apud Platonem Socrates, ipse fingere, et illa de urbis situ revoces ad rationem, quae a Romulo casu aut necessitate facta sunt, et disputes non vaganti oratione, sed defixa in una re publica. Quare perge, ut instituisti. Prospicere enim iam videor te reliquos reges persequente quasi perfectam rem publicam."

23 *Die Begründung des Interregnums*

„Ergo," inquit SCIPIO „cum ille Romuli senatus, qui constabat ex optimatibus, quibus ipse rex tantum tribuisset, ut eos patres vellet nominari patriciosque eorum liberos, temptaret post Romuli excessum, ut ipse regeret sine rege rem publicam, populus id non tulit desiderioque Romuli postea regem flagitare non destitit, cum prudenter illi principes novam et inauditam ceteris gentibus interregni ineundi rationem excogitaverunt, ut, quoad certus rex declaratus esset, nec sine rege civitas nec diuturno rege esset uno nec committeretur, ut quisquam inveterata potestate aut ad deponendum impe-
24 rium tardior esset aut ad obtinendum munitior. Quo quidem tempore novus ille populus vidit tamen id, quod fugit Lacedaemonium Lycurgum, qui regem non deligendum duxit, si modo hoc in Lycurgi potestate potuit esse, sed habendum, qualiscumque is foret, qui modo esset Herculi stirpe generatus. Nostri illi etiam tum agrestes viderunt virtutem et sapientiam regalem, non progeniem quaeri oportere."

25–29 Nachfolgende Könige und Aufstieg Roms

(Der Bericht über König Numa Pompilius *ist in Kontrast zu dem über Romulus verfaßt:) Der Nachfolger hat die Leistungen seiner Vorgänger ergänzt und korrigiert. Romulus war ein kriegsfreudiger König, Numa strebte nach Menschlichkeit*

22
exemplar ... forma: Idee ... Gestalt · genera rerum p.: *1 · **ratiōnes** (cīvitātum): Grundbegriff, Struktur · **ēs ... ingressus:** *erg.* in dispūtātiōnem · **quae ipse ... reperias:** *im Dt. besser Substantiv* · **fingere:** *hier* erdenken · **ad ratiōnem revocāre:** auf die theoretische Betrachtung zurückführen · **vagāns ōrātiō:** ziellose Darstellung · **dēfixum in unā rē p.:** gerichtet auf/orientiert an einem einzigen Gemeinwesen · **prōspicere:** vor sich sehen · **persequi:** *hier* behandeln

23
Sb *s. Satzbild im Arbeitskommentar*
ergō: *Schlußfolgerung aus 21 a* · **tantum:** nur so viel · **excessus,** -ūs: Weggang, Hinscheiden · **flāgitāre:** fordern · **cum** (prudenter): *relativ zu* posteā, *im Dt. kann mit einem Hauptsatz übersetzt werden.* · **ceterīs gentibus:** *Dat. auctoris* · **ineundī interrēgnī ratiōnem excōgitāre:** ein Verfahren für das nun eintretende Interregnum ersinnen · **quoad** + *Konj.:* bis *(finaler Nebensinn)* · **dēclārāre:** ausrufen, verkünden · **committere, ut:** es dahin kommen lassen, daß · **inveterātus:** altgeworden, gefestigt · **tardior:** zu langsam, zu säumig · **mūnītus:** gewappnet, gestärkt

24
novus (... tamen ...): *konzessiver Nebensinn* · **mē fugit:** es entgeht mir · sī modo: *5 · **Lycūrgus:** *vgl. zu § 15* · **foret** ≈ esset · **qui modo** + *Konj.:* wenn er nur · **stirps,** stirpis *f.:* Stamm, Familie · **generāre:** erzeugen · **agrestis:** bäurisch, ungebildet · **prōgeniēs,** -ēī: Abstammung

und Frieden. Romulus suchte den Eindruck des Strebens nach Alleinherrschaft zu meiden, Numa ließ seine Herrschaft durch die Kuriatskomitien bestätigen. Romulus beachtete religiöse Regeln genau, Numa humanisierte die res publica *durch Einführung neuer religiöser Regeln. Beider Könige Leistungen leiteten sich von altrömischer* virtus, sapientia *und* providentia *her.*

[MANILIUS] „[...] Ac tamen facile patior non esse nos transmarinis nec inportatis artibus eruditos, sed genuinis domesticisque virtutibus.“ „Atqui multo id facilius cognosces,“ inquit AFRICANUS „si pro- **30**
gredientem rem publicam atque in optimum statum naturali quodam itinere et cursu venientem videris. Quin hoc ipso sapientiam maiorum statues esse laudandam, quod multa intelleges etiam aliunde sumpta meliora apud nos multo esse facta, quam ibi fuissent, unde huc translata essent atque ubi primum extitissent, intellegesque non fortuito populum Romanum sed consilio et disciplina confirmatum esse, nec tamen adversante fortuna.

Nach Numas Tod wählten die comitia curiata *(Patrizierverbände, vgl. o. zu 2, 14* curia*)* Tullus Hostilius, *einen Enkel des Romulus, zum König. Er hat durch Erfolge im Krieg und durch Ordnung des Kriegsrechts das Werk des Romulus fortgeführt.*

[...] constituitque ius, quo bella indicerentur, quod per se iustissime **31**
inventum sanxit fetiali religione, ut omne bellum, quod denuntiatum *‚bellum iustum‘*
indictumque non esset, id iniustum esse atque inpium iudicaretur. Et ut advertatis animum, quam sapienter iam reges hoc nostri viderint: tribuenda quaedam esse populo (multa enim nobis de eo genere dicenda sunt), ne insignibus quidem regiis Tullus nisi iussu populi est ausus uti. [...] *

Ancus Marcius, *ein Enkel des Numa, bezog den Aventin und den mons Caelius in das Stadtgebiet ein und sicherte durch Gründung der colonia Ostia die Salinen für Rom (Livius 1,33,9).* *32–36*

Mit seinem Nachfolger Tarquinius Priscus *beginnt ein neuer Abschnitt der Königszeit. Ein breiter Strom griechischen Einflusses setzt ein, der sich unter dem folgenden König vollends auswirkt. Tarquinius, ein aus Korinth vor dem Tyrannen Kypselos nach Tarquinia geflohener Grieche, erlangte in Rom das Bürgerrecht und die Freundschaft des Königs. Als Marcius' Nachfolger von der Volksversammlung bestätigt, leistet er Bedeutendes für den weiteren Ausbau des Staates (Verdoppelung des Senats, Ausbau des Standes der „Ritter“, Erfolge im Krieg, Einrichtung der ‚ludi Romani‘ und Gelobung des Tempels des Iuppiter Capitolinus).*

---

29 b
trānsmarīnus: überseeisch · **genuīnus:** angeboren, natürlich · **domesticus:** einheimisch, eigen

30
status: *1 · (nātūrālis) quīdam: *5 · **quīn hōc ipsō:** ja gerade dadurch · **aliunde sumptus:** anderswoher übernommen · **meliōra ... multō:** *gesuchtes Hyperbaton für* multō meliōra · **trānsferre:** übertragen · **fortuītō** *(Adv.)*: zufällig · cōnsilium et disciplīna: *2 · **adversārī:** widerstreben

31
sancīre, -iō, sanxī: heiligen · **fētiālis religiō:** Fetialkult

Servius Tullius und der Ausbau der Verfassung

37 Tum LAELIUS: „Nunc fit illud Catonis certius: nec temporis unius nec hominis esse constitutionem nostrae rei publicae; perspicuum est enim, quanta in singulos reges rerum bonarum et utilium fiat accessio. Sed sequitur is, qui mihi videtur ex omnibus in re publica vidisse plurimum.“ „Ita est“ inquit SCIPIO. „Nam post eum Servius Tullius primus iniussu populi regnavisse traditur, quem ferunt ex serva Tarquiniensi natum, cum esset ex quodam regis cliente conceptus. Qui cum famulorum in numero educatus ad epulas regis adsisteret, non latuit scintilla ingenii, quae iam tum elucebat in puero; sic erat in omni vel officio vel sermone sollers. Itaque Tarquinius, qui admodum parvos tum haberet liberos, sic Servium diligebat, ut is eius vulgo haberetur filius, atque eum summo studio omnibus iis artibus, quas ipse didicerat, ad exquisitissimam con suetudinem Graecorum
38 erudiit. Sed cum Tarquinius [...] interisset Serviusque, ut ante dixi, regnare coepisset non iussu sed voluntate atque concessu civium, [...] non commisit se patribus, sed Tarquinio sepulto populum de se ipse consuluit, iussusque regnare legem de imperio suo curiatam tulit.

39/40 *Der neue König vervollständigte die staatliche Ordnung Roms, vor allem durch die Einteilung der Bevölkerung in Besitzklassen* (centuriae) *mit entsprechend gewichtetem Stimmrecht in den* comitia *(sog. Servianische Zenturiatsverfassung).*

38 Ita nec prohibebatur quisquam iure suffragii et is valebat in suffragio plurimum, cuius plurimum intererat esse in optimo statu civitatem. [...] *

41 Statuo esse optume constitutam rem publicam, quae ex tribus generibus illis, regali et optumati et populari, confusa modice nec puniendo inritet animum inmanem ac ferum.[1]

42 * [...] Et antiquissimus ille Lycurgus eadem vidit fere. Itaque ista aequabilitas atque hoc triplex rerum publicarum genus videtur mihi commune nobis cum illis populis fuisse. Sed quod proprium sit in nostra re publica, quo nihil possit esse praeclarius, id persequar, si potero, subtilius; quod erit eius modi, nihil ut tale ulla in re publica

---

37
fit illud Catonis certius: jenes Wort Catos bestätigt sich · cōnstitūtiō: *1 · **quanta in singulōs rēgēs ... fiat accessiō:** welcher Zuwachs (an ...) ... von König zu König erzielt wird · **vīdisse** ≈ intellēxisse + prōvidisse · **iniussū populī:** ohne Befehl/Auftrag des Volkes · **Tarquiniēnsis:** aus Tarquinia stammend *(einer etruskischen Stadt, in der Südtoscana)* · **concipere ex aliquō:** von jem. empfangen · **famulus:** Diener, Sklave · **epulīs adsistere:** beim Festmahl aufwarten · **scintilla:** Funke · **sollers** (*zu* ars): geschickt · **admodum:** sehr · **ad exquīsītissimam cōnsuētūdinem Graecōrum ērudīre:** nach der besten Bildungstradition der Griechen erziehen

38
lēgem cūriātam ferre: ein Gesetz in den comitia curiata einbringen

41
(1) *Zitat des Nonnos (Epiker, 5. Jh. n. Chr.)* · cōnstituere *und* genera reī p.: *1 · **cōnfūsa modicē:** maßvoll verschmolzen · **inrītāre:** aufreizen

42
Lycūrgus: *vgl. zu § 15* · aequābilitās: *3 · **triplex rērum pūblicārum genus:** aus den drei Grundformen gebildete Verfassung · persequī: *5 · **subtīlis:** gründlich · **haec** (quae ... exposuī): haec genera (...) · **ita ..., ut ...:** *hier* zwar ..., aber ... · **temperāre:** *hier* ausgleichen

reperiatur. Haec enim, quae adhuc exposui, ita mixta fuerunt et in hac civitate et in Lacedaemoniorum et in Karthaginiensium, ut temperata nullo fuerint modo. Nam in qua re publica est unus aliquis **43**
perpetua potestate, praesertim regia, quamvis in ea sit et senatus, ut tum fuit Romae, cum erant reges, ut Spartae Lycurgi legibus, et ut sit aliquod etiam populi ius, ut fuit apud nostros reges, tamen illud excellit regium nomen neque potest eius modi res publica non regnum et esse et vocari. Ea autem forma civitatis mutabilis maxime est hanc ob causam, quod unius vitio praecipitata in perniciosissimam partem facillime decidit. Nam ipsum regale genus civitatis non modo non est reprehendendum, sed haud scio an reliquis simplicibus longe anteponendum, si ullum probarem simplex rei publicae genus, sed ita, quoad statum suum retineat. Is est autem status, ut unius perpetua potestate et iustitia uniusque sapientia regatur salus et aequabilitas et otium civium. Desunt omnino ei populo multa, qui sub rege est, in primisque libertas, quae non in eo est, ut iusto utamur domino, sed ut nul⟨lo⟩ *

Tarquinius Superbus und das Ende der Monarchie in Rom

[. . .] Hic ille iam vertetur orbis, cuius naturalem motum atque circu- **45**
itum a primo discite adgnoscere. Id enim est caput civilis prudentiae, in qua omnis haec nostra versatur oratio: videre itinera flexusque rerum publicarum, ut, cum sciatis, quo quaeque res inclinet, retinere aut ante possitis occurrere. Nam rex ille, de quo loquor, primum optimi regis caede maculatus integra mente non erat, et cum metueret ipse poenam sceleris sui summam, metui se volebat; deinde victoriis divitiisque subnixus exultabat insolentia neque suos mores regere poterat neque suorum libidines. Itaque cum maior eius filius Lucre- **46**
tiae Tricipitini filiae Conlatini uxori vim attulisset mulierque pudens et nobilis ob illam iniuriam sese ipsa morte multavisset, tum vir

---

43
Sb nam in quā . . .: NAM IN EA RE P. (in quā . . . rēgia) quamvīs . . . sit et senātus (ut . . . fuit Romae . . ., ut Spartae . . .) et ut sit . . . iūs (ut fuit . . .), TAMEN . . .
quamvīs: wenn auch noch so sehr, wenngleich; *entsprechend:* (et) ut · **Lycūrgus:** *vgl. zu § 15* · fōrma reī p.: *1 · mūtābilis: *2 · **praecipitāre** (prae + caput): abstürzen · **in perniciōsissimam partem dēcidere:** in die unheilvollste Richtung abgleiten · **haud sciō an:** (ich weiß nicht, warum nicht ≈) vielleicht · **simplex,** *Gen.* -plicis: einfach, unvermischt · **ita, quoad . . .:** nur so lange/soweit, als . . . · aequābilitās *und* ōtium: *3

45
hīc: jetzt, nunmehr · orbis *und* circuitus: *2 · **orbis vertitur:** der Kreis schließt sich · **ā prīmō:** von Anfang an · **āgnōscere** ≈ cōgnōscere · **caput:** Hauptsache · **cīvīlis prūdentia:** politische Klugheit, politischer Weitblick · **versārī in aliquā rē:** sich mit etwas befassen · **itinera flexūsque rērum pūblicārum:** Verlauf und Wendepunkte der politischen Entwicklung · **inclīnāre:** sich neigen · **occurrere:** entgegentreten · **ille rēx:** *gemeint ist Tarquinius Superbus* · **prīmum** *wird unten durch* **deinde** *wieder aufgenommen.* · **maculāre:** beflecken · **subnixus** ≈ nixus · **exultāre insolentiā:** maßlos übermütig sein

46
Lucrētius Tricipitīnus *war* praefectus urbī *des Tarquinius Superbus, Konsul des Jahres 509.* · **(Lūcius Tarquīnius) Conlatīnus** war der Gemahl der Lucretia · **pūdēns:** sittsam · **multāre:** bestrafen ·

ingenio et virtute praestans L. Brutus depulit a civibus suis iniustum illud durae servitutis iugum. Qui cum privatus esset, totam rem publicam sustinuit primusque in hac civitate docuit in conservanda civium libertate esse privatum neminem. Quo auctore et principe concitata civitas – et hac recenti querella Lucretiae patris ac propinquorum et recordatione superbiae Tarquinii multarumque iniuriarum et ipsius et filiorum – exulem et regem ipsum et liberos eius et gentem Tarquiniorum esse iussit.

47 *Der tyrannische Mensch – der wahre Staatsmann*

Videtisne igitur, ut de rege dominus extiterit uniusque vitio genus rei publicae ex bono in deterrimum conversum sit? Hic est enim dominus populi, quem Graeci tyrannum vocant. Nam regem illum volunt esse, qui consulit ut parens populo conservatque eos, quibus est praepositus, quam optima in condicione vivendi – sane bonum, ut dixi, rei publicae genus. Sed tamen inclinatum et quasi pronum ad
48 perniciosissimum statum. Simul atque enim se inflexit hic rex in dominatum iniustiorem, fit continuo tyrannus, quo neque taetrius neque foedius nec dis hominibusque invisius animal ullum cogitari potest. Qui quamquam figura est hominis, morum tamen inmanitate vastissimas vincit beluas. Quis enim hunc hominem rite dixerit, qui sibi cum suis civibus, qui denique cum omni hominum genere nullam iuris communionem, nullam humanitatis societatem velit? Sed erit hoc de genere nobis alius aptior dicendi locus, cum res ipsa admonuerit, ut in eos dicamus, qui etiam liberata iam civitate dominationes adpetiverunt.

49/50 *(Rückkehr zum Thema:) Die Griechen nannten den ungerechten König* týrannos, *die Römer* rex. *Maßnahmen zur Einschränkung monarchischer Gewalt sind auf die Dauer wirkungslos.*

51 Ille quidem semper inpendebit timor, ne rex, quod plerumque evenit, exsistat iniustus. Est igitur fragilis ea fortuna populi, quae posita est in unius, ut dixi antea, voluntate vel moribus. Quare prima sit

---

sustinēre rem p.: das Gemeinwesen vertreten · **quō auctōre et prīncipiō:** auf seine Veranlassung und unter seiner Führung · **concitāre:** in Aufregung versetzen · **querella** (*zu* querī): Klage · **recordātiō** (*zu* cor): Erinnerung · **iniūriae et ipsīus et fīliōrum:** von ihm selbst und seinen Söhnen ausgehende Übergriffe

47
existere dē aliquā rē: aus etwas entstehen · dominus: *3 · **dēterrimus:** der Schlechteste · convertī: *2 · **parēns** ≈ pater · **sānē (bonum):** *5 · **ut dīxī:** *verweist auf § 43* · **inclīnātus ad aliquid:** geneigt zu etwas · **prōnus:** geneigt, bereit

48
sē īnflectere in aliquid: sich hinwenden zu etwas · dominātus *und* dominātiō: *3 · **continuō:** *hier* sogleich · **taeter,** -tra, -trum: scheußlich · **foedus:** abstoßend · **invīsus:** verhaßt · **immānitās** *und* **bēlua:** *4 · **rītē:** mit Recht · **commūniō:** Gemeinschaft · **alius locus:** *nämlich § 41 (und auch später in Buch VI)*

50
gustāre: kosten, schmecken · **frāgilis** (*zu* frangere): brüchig, unsicher · **positum esse in aliquā rē:** *5

haec forma et species et origo tyranni inventa nobis in ea re publica, quam auspicato Romulus condiderit, non in illa, quam, ut perscripsit Plato, sibi ipse Socrates illo in sermone depinxerit, ut perspiciatis, quem ad modum Tarquinius – non novam potestatem nactus, sed, quam habebat, usus iniuste – totum genus hoc regiae civitatis everterit. Sit huic oppositus alter, bonus et sapiens et peritus utilitatis dignitatisque civilis, quasi tutor et procurator rei publicae. Sic enim appelletur, quicumque erit rector et gubernator civitatis. Quem virum facite ut agnoscatis: iste est enim, qui consilio et opera civitatem tueri potest. Quod quoniam nomen minus est adhuc tritum sermone nostro saepiusque genus eius hominis erit in reliqua nobis oratione trac⟨tandum⟩ ∗

In der Lücke des überlieferten Textes stellte Scipio wohl den tutor/procurator rei publicae *dem* tyrannus *gegenüber.*

52
Noch einmal: Exkurs zur Methode der Betrachtung der Geschichte Roms

∗ ⟨rationes sibi necessarias vis⟩as requisivit, civitatemque optandam magis quam sperandam, quam minimam potuit, non quae posset esse, sed in qua ratio rerum civilium perspici posset, effecit. Ego autem, si modo persequi potuero, rationibus eisdem, quas ille vidit, non in umbra et imagine civitatis, sed in amplissima re publica enitar, ut cuiusque et boni publici et mali causam tamquam virgula videar attingere. Iis enim regiis quadraginta annis et ducentis paulo cum interregnis fere amplius praeteritis pulsoque Tarquinio tantum odium populum Romanum regalis nominis tenuit, quantum tenuerat post obitum vel potius excessum Romuli desiderium. Itaque ut tum carere rege, sic pulso Tarquinio nomen regis audire non poterat. [. . .] ∗

51
speciēs, -ēī: Erscheinung(sform) · **auspicātō:** *3 · **sermō** *m.: hier* (wissenschaftliche) Erörterung · **dēpingere:** zeichnen, entwerfen · **Sb potestātem quam habēbat, ūsus . . .** ≈ eā potestāte, quam habēbat, ūsus · **prōcūrātor:** Betreuer, Verwalter · tūtor; rēctor; gūbernātor; cōnsiliō et operā: *alle* *2 · **āgnōscere** ≈ cōgnōscere

52
sī modo: *5 · **ratiōnibus eīsdem:** nach denselben Grundsätzen/Prinzipien · **umbra et imāgō** *(Hendiadyoin):* Schattenbild · **in amplissimā rē p.:** *gemeint ist der römische Weltstaat* · **enītī:** sich anstrengen, sich bemühen · **virgulā attingere:** mit der Rute *(des Rutengängers)* berühren · **nōmen rēgāle:** Königsname, Monarchie · **obitus,** -ūs: Tod, Heimgang · **excessus,** -ūs: Weggang · **dēsīderium:** Sehnsucht

Abb. 4: „Brutus“. *Dieses früheste römische Bronzebildnis galt der Neuzeit als Porträt des Tyrannenmörders und wurde besonders in der Französischen Revolution zum viel kopierten Vorbild.*

Die Republik

53–55a
Nach dem Sturz der Monarchie

Dem Mißtrauen gegen den einzelnen Mächtigen wurde nun, so führt Scipio weiter aus, durch das Gesetz über das Berufungsrecht jedes römischen Bürgers gegen Maßnahmen der Staatsbeamten (lex de provocatione) *Rechnung getragen.*

55b Haud mediocris hic, ut ego quidem intellego, vir fuit, qui modica libertate populo data facilius tenuit auctoritatem principum. Neque ego haec nunc sine causa tam vetera vobis et tam obsoleta decanto, sed inlustribus in personis temporibusque exempla hominum rerumque definio, ad quae reliqua oratio dirigatur mea.

56 Tenuit igitur hoc in statu senatus rem publicam temporibus illis, ut in populo libero pauca per populum, pleraque senatus auctoritate et instituto ac more gererentur atque uti consules potestatem haberent tempore dumtaxat annuam, genere ipso ac iure regiam; quodque erat ad obtinendam potentiam nobilium vel maximum, vehementer id retinebatur: populi comitia ne essent rata, nisi ea patrum adprobavisset auctoritas. Atque his ipsis temporibus dictator etiam est institutus decem fere annis post primos consules, T. Larcius, novumque id genus imperii visum est et proximum similitudini regiae. Sed tamen omnia summa cum auctoritate a principibus cedente populo tenebantur magnaeque res temporibus illis a fortissimis viris summo imperio praeditis, dictatoribus atque consulibus, belli gerebantur.

57
Das Volkstribunat – Verwirklichung der ausgewogenen Mischverfassung?

Sed id, quod fieri natura rerum ipsa cogebat, ut plusculum sibi iuris populus adscisceret liberatus a regibus, non longo intervallo, sexto decimo fere anno, Postumo Cominio Sp. Cassio consulibus consecutus est. In quo defuit fortasse ratio, sed tamen vincit ipsa rerum publicarum natura saepe rationem. Id enim tenetote, quod initio dixi: nisi aequabilis haec in civitate conpensatio sit et iuris et officii et muneris, ut et potestatis satis in magistratibus et auctoritatis in principum consilio et libertatis in populo sit, non posse hunc in-
58 commutabilem rei publicae conservari statum. Nam cum esset ex

---

55b

vetera et ... obsolēta dēcantāre: abgedroschene Beispiele der Vergangenheit herleiern *(wie in der Rhetorikschule)*

56

Sb ut (in p.) ... atque ut(i) cōns. ... · potestās *und* potentia: *3 · **dumtaxat annuus:** auf ein Jahr beschränkt · **quodque** → id (retinēbātur) · **populī comītia nē essent rata:** (nämlich) daß die Beschlüsse der Zenturiatskomitien nicht gültig sein sollten · **approbāre** ≈ probāre · (patrum ...) auctoritās: *3 · **dictātōrem īnstituere:** einen Diktator ernennen · **T. Larcius:** *Diktator 501 (?) im Kampf gegen die Latiner* · **proximum similitūdinī rēgiae** ≈ simillimum rēgnō · **bellī:** *Lokativ*

57

nātūra rērum cōgit: die Natur der Dinge (≈ die Gesetzlichkeit des historischen Prozesses) bringt es mit sich · **plūsculum:** ein wenig mehr · **sibi adscīscere:** für sich beanspruchen · **sextō decimō annō:** *gemeint ist 493* · **quod dīxī:** *in einem nicht erhaltenen Abschnitt (wohl 2,52)* · **aequābilis compēnsātiō:** vollkommenes Gleichgewicht · **officium:** *hier* Aufgabe · potestās *und* auctoritās: *3 · **mūnus:** *hier* Leistung · **hunc ... statum:** *starkes Hyperbaton* · incommūtābilis (*zu* commutare) *und* cōnservāre: *2

aere alieno commota civitas, plebs montem Sacrum prius, deinde Aventinum occupavit. Ac ne Lycurgi quidem disciplina tenuit illos in hominibus Graecis frenos. Nam etiam Spartae regnante Theopompo sunt item quinque, illi quos ephoros appellant, in Creta autem decem, qui cosmoe vocantur, ut contra consulare imperium tribuni plebis, sic illi contra vim regiam constituti.

Fuerat fortasse aliqua ratio maioribus nostris in illo aere alieno **59**
medendi, quae neque Solonem Atheniensem non longis temporibus ante fugerat neque post aliquanto nostrum senatum, cum sunt propter unius libidinem omnia nexa civium liberata nectierque postea desitum, semperque huic oneri, cum plebes publica calamitate inpendiis debilitata deficeret, salutis omnium causa aliqua sublevatio et medicina quaesita est. Quo tum consilio praetermisso causa populo nata est, duobus tribunis plebis per seditionem creatis ut potentia senatus atque auctoritas minueretur. Quae tamen gravis et magna remanebat, sapientissimis et fortissimis et armis et consilio civitatem tuentibus, quorum auctoritas maxime florebat, quod, cum honore longe antecellerent ceteris, voluptatibus erant inferiores nec pecuniis ferme superiores, eoque erat cuiusque gratior in re publica virtus, quod in rebus privatis diligentissime singulos cives opera, consilio, re tuebantur.

Nach einem Hinweis auf die gesetzliche Regelung der Höhe von Geldstrafen geht *60–63*
Scipio auf die Zehn-Männer-Kommission ein, die – nach Abdankung der Konsuln und des Volkstribunen – für die Aufgabe, die Gesetze zu kodifizieren, gewählt wurde: decemviri legibus scribundis. *Die Kommission mißbrauchte im dritten Jahr ihre Amtsausübung und festigte die Alleinherrschaft der Aristokratie. Dies führte zu einer Erschütterung des Gemeinwesens.*

In der anschließenden größeren Lücke folgte wahrscheinlich die Behandlung der gemischten Verfassung.

58

ex aere aliēnō: infolge der Verschuldung · **mōns Sacer:** *Hügel auf dem rechten Ufer des Anio im Nordosten von Rom* · **Aventīnus:** der Aventin *südlich des Palatins, des alten Stadtzentrums* · **Lycūrgus:** *vgl. zu § 15* · **frēnī:** Zügel *(Plural)* · **Theopompus:** *spartanischer König um 750, der das oligarchische Element der Verfassung milderte* · **sunt ... cōnstitūtī** (*1): *starkes Hyperbaton* · **ephorī:** die Ephoren (≈ „Aufseher“) · **cosmoe:** „Ordner“ *(oberste kretische Behörde)* · imperium: *3

59

ratiō medendī: vernünftiger Weg, Abhilfe zu schaffen · **Solō:** *schuf 594 in Athen die Verfassung (Ordnung nach Vermögensklassen mit abgestuftem politischem Einfluß; Ende der Vorherrschaft der Geschlechter-Aristokratie)* · **fugit aliquem:** es entgeht jemandem · **nexa līberāre:** die Leibeshaftung aufheben · **nectere:** Leibeshaftung auferlegen; **nectier** *(altlateinisch)* = nectī · **genus:** *hier* Art von Notlage · **calamitās pūblica** ≈ c. reī pūblicae · **impendia** *n. pl.:* Ausgaben · **dēbilitāre:** schwächen · **dēficere:** *hier* an Kraft verlieren · **sublevātiō:** Abhilfe · **quō ... cōnsiliō praetermissō:** da diese vernünftige Lösung versäumt worden war

Sb causa populō (≈ plēbī) **...** ≈ <u>causa</u> p. nāta est, <u>ut</u> duōbus tr. pl. creātīs ... minuerētur · potentia *und* auctoritās: *3 · · sēditiō; cōnsiliō tuentibus; opera cōnsiliō: *alle* *2 · **cum** (honōre): *konzessiv* · **antecellere alicuī:** jem. übertreffen · **inferiōrēs ... superiōrēs esse:** unterlegen ... überlegen sein · **ferme:** *5 · **rēs** ≈ rēs familiāris

Schlußgespräch

64 *Tuberos Einwände und Scipios Antwort*

Cum ea Scipio dixisset silentioque omnium reliqua eius expectaretur oratio, tum TUBERO: „Quoniam nihil ex te, Africane, hi maiores natu requirunt, ex me audies, quid in oratione tua desiderem.“ „Sane,“ inquit SCIPIO „et libenter quidem.“ Tum ille (TUB.): „Laudavisse mihi videris nostram rem publicam, cum ex te non de nostra, sed de omni re publica quaesisset Laelius. Nec tamen didici ex oratione tua, istam ipsam rem publicam, quam laudas, qua disciplina, quibus moribus aut legibus constituere vel conservare possimus.“

65 Hic AFRICANUS: „Puto nobis mox de instituendis et conservandis civitatibus aptiorem, Tubero, fore disserundi locum. De optimo autem statu equidem arbitrabar me satis respondisse ad id, quod quaesierat Laelius. Primum enim numero definieram genera civitatum tria probabilia, perniciosa autem tribus illis totidem contraria nullumque ex eis unum esse optimum, sed id praestare singulis, quod e
66 tribus primis esset modice temperatum. Quod autem exemplo nostrae civitatis usus sum, non ad definiendum optimum statum valuit – nam id fieri potuit sine exemplo –, sed ut in civitate maxima reapse cerneretur, quale esset id, quod ratio oratioque describeret. Sin autem sine ullius populi exemplo genus ipsum exquiris optimi status, naturae imagine utendum est nobis, quoniam tu hanc imaginem urbis et populi ni ∗

In der Lücke hat Scipio den Zustand des Staates in einem Bild dargestellt und dann von der Herrschaft des prudens *gesprochen.*

67 *Die Aufgabe des vir prudens*

(SCIP.) ∗ ⟨quem⟩ iamdudum quaero et ad quem cupio pervenire.“ (LAEL.) „Prudentem fortasse quaeris?“ Tum ille (SCIP.) „Istum ipsum.“ (LAEL.) „Est tibi ex eis ipsis, qui adsunt, bella copia, velut a te

---

64
requīrere ab aliquō: von jem. verlangen · sānē: *5 · **et ... quidem:** und zwar · **Sb istam ipsam rem p. ...:** quā disciplīnā istam ipsam rem p. cōnstituere ... possimus · disciplīna: *1

65
mox: *Verweis auf Buch VI* · genera reī p.: *1 · **probābilis:** billigenswert, annehmbar · **perniciōsus:** *prädikativ* · **contrārius:** entgegengesetzt · **temperātus:** abgestimmt

66
quod (autem): *‚faktisches* quod‘ · **exemplum nostrae cīvitātis:** unsere Bürgergemeinschaft als Beispiel · status: *1 · **valēre ad aliquid:** beitragen zu etwas · **rēapse** ≈ rē ipsā: in (der historischen) Wirklichkeit · **ratiō ōrātiōque:** theoretischer Vortrag · **exquīrere:** (zu ermitteln) suchen

67
prūdēns, bēlua, frēnāre: *4 · **bella cōpia** *(Volkssprache):* eine hübsche Menge · **velut:** zum Beispiel · **ordiāre** ≈ ordiāris · **prō ratā parte:** im angemessenen Verhältnis · **tactus,** -ūs: Berührung · **īnflectere:** lenken · **fera:** (wildes) Tier · **tibi cum essem lēgātus:** *das war im 3. Punischen Krieg* · **docilis:** gelehrig · **assuētus aliquā rē:**

ipso ordiare." Tum SCIPIO: „Atque utinam ex omni senatu pro rata parte esset! Sed tamen est ille prudens, qui, ut saepe in Africa vidimus, immani et vastae insidens beluae coërcet et regit beluam, quocumque volt, et levi admonitu aut tactu inflectit illam feram." (LAEL.) „Nōvi, et tibi cum essem legatus, saepe vidi." (SCIP.) „Ergo ille Indus aut Poenus unam coërcet beluam, et eam docilem et humanis moribus adsuetam. At vero ea, quae latet in animis hominum quaeque pars animi mens vocatur, non unam aut facilem ad subigendum frenat et domat beluam, si quando id efficit, quod perraro potest. Namque et illa tenenda est ferox ⁎

In der Lücke war davon die Rede, daß der Staatsmann die Leidenschaften lenken müsse.

⁎ [. . .] Tum LAELIUS: „Video iam illum, quem expectabam, virum, **69**
cui praeficias officio et muneri." „Huic scilicet" AFRICANUS „uni paene – nam in hoc fere uno sunt cetera –, ut numquam a se ipso instituendo contemplandoque discedat, ut ad imitationem sui vocet alios, ut sese splendore, animi et vitae suae sicut speculum praebeat civibus. *Ut* enim in fidibus aut tibiis atque ut in cantu ipso ac vocibus concentus est quidam tenendus ex distinctis sonis, quem inmutatum aut discrepantem aures eruditae ferre non possunt, isque concentus ex dissimillimarum vocum moderatione concors tamen efficitur et congruens, *sic* ex summis et infimis et mediis interiectis ordinibus ut sonis moderata ratione civitas con⟨sensu dissimillimorum concinit; et quae harmonia a musicis dicitur in cantu, ea est in civitate concordia, artissimum atque optimum omni in re publica vinculum incolumitatis, eaque sine iustitia nullo pacto potest esse.⟩"

Den in Klammern angefügten Satz haben wir als Zitat bei Augustinus, der auch über das folgende berichtet:

---

an etwas gewöhnt · **ea ... pars:** *gesuchtes Hyperbaton* · **animīs** ≈ in animīs · **quaeque** ≈ et ea, quae · **mēns** ≈ ratiō · **subigere:** unterwerfen · **domāre:** zähmen, bändigen · **perrārō:** sehr selten

69

illum virum cuī pr. o. ≈ cuī officiō praeficias illum virum: mit welcher Aufgabe du jenen Mann betraust · scīlicet: *5 · **sē ipsum contemplārī:** *Anspielung auf Apollons Forderung* (nōsce tē ipsum) · **imitātiō:** Nachahmung · **splendor:** Glanz · **speculum:** Spiegel · **fidēs,** -ium: Saitenspiel · **tībiae,** -ārum: Flöte, Blasinstrument · **cantus et vōcēs** *(Hendiadyoin):* (vielstimmiger) Gesang · **concentus,** -ūs: Harmonie · **ex (... moderātiōne):** aufgrund von · **distinctus:** verschieden · **sonus:** Klang, Ton · **immūtāre** ≈ mūtāre: *2 · **discrepāre:** ohne Harmonie sein · **ērudītus:** *hier* geschult, fachkundig · **moderātiō:** (angemessene) Abstimmung · **concors,** *Gen.* -rdis: einträchtig, harmonisch · **congruere:** übereinstimmen · **interiectus:** dazwischenliegend · **moderāta ratiō:** maßvolles Verhältnis · **concinere:** zusammenklingen · **cantus,** -ūs: Musikstück · **artus:** eng · **incolumitās:** Unversehrtheit · **nullō pactō:** auf keine Weise

69b *Ac deinde cum aliquanto latius et uberius disseruisset (Scipio), quantum prodesset iustitia civitati quantumque obesset, si afuisset, suscepit deinde Philus, unus eorum, qui disputationi aderant, et poposcit, ut haec ipsa quaestio diligentius tractaretur ac de iustitia plura dicerentur propter illud, quod iam vulgo ferebatur, rem publicam regi sine iniuria non posse.*

Gerechtigkeit – Grundlage der Politik

70 * [. . .] Tum SCIPIO: „Adsentior vero renuntioque vobis nihil esse, quod adhuc de re publica dictum putemus aut quo possimus longius progredi, nisi erit confirmatum, non modo falsum illud esse: sine iniuria non posse, sed hoc verissimum esse: sine summa iustitia rem publicam geri nullo modo posse. Sed, si placet, in hunc diem hactenus. Reliqua – satis enim multa restant – differamus in crastinum." Cum ita placuisset, finis disputandi in eum diem factus est.

Abb. 5: Lupa Capitolina. *Die etruskische Bronzefigur vom Kapitol (5. Jh. v. Chr.) ist seit dem 10. Jh. n. Chr. urkundlich erwähnt. Sie wurde als die Wölfin der Romulussage aufgefaßt und in der Renaissance um die Figuren der trinkenden Zwillinge ergänzt. So ist sie zum traditionellen Symbol der Macht und Stärke Roms geworden.*

69 b *(Aug., civ. dei 2,21)*
aliquantō lātius: wesentlich ausführlicher · **ūberius** *(Adv.)*: gedankenreicher · **suscipere:** *hier* das Wort ergreifen

70
renūntiāre: (feierlich) verkünden · **cōnfirmāre:** *hier* (eindeutig) beweisen · **nōn modo falsum esse . . . gerī nullō modō posse:** *Vorverweis auf das Folgende (Buch 3)* · **hāctenus** *(Adv.)*: (nur) so weit · **crāstinus:** morgig

LIBER TERTIUS

Vorrede

Cicero hat das 3. Buch (das zweite Buchpaar/den zweiten Tag) wieder mit einem Proömium eröffnet; sein Anfang ist fast ganz verloren, aber Lactanz hat die Gedanken des Proömiums zusammengefaßt: In einem Hymnus auf den Geist des Menschen wurde die Überlegenheit des Menschen durch seine Geistesgaben über an Körperkraft stärkere Lebewesen hervorgehoben (§§ 1/2). Die Vernunft hat den Menschen reicher ausgestattet als die Natur die vernunftlosen Tiere. *1–2*

Zunächst war von den Erfindungen für das Lebensnotwendige, dann von denen zur Verschönerung des Lebens die Rede. Durch Sprache und Schrift ermöglichte die Vernunft den Menschen, sich untereinander und sogar über die Zeiten hinweg zu verständigen. Wer mit den der Natur und den staatlichen Einrichtungen zu verdankenden Möglichkeiten des Geistes (griechische) Wissenschaftlichkeit verbindet (wie Scipio, Laelius und Philus), der ist allen überlegen. Der politische Praktiker und der wissenschaftliche Theoretiker, beide Vertreter der einen sapientia, *nützen der Gemeinschaft, der eine durch Gedanken, der andere durch Gesetze. – Kein Volk hat mehr bedeutende Staatsmänner hervorgebracht als die Römer.* *3–7*

Einleitendes Gespräch

8 *Bedenken des Philus gegen die ihm zugedachte Rolle*

Et PHILUS: „Praeclaram vero causam ad me defertis, cum me improbitatis patrocinium suscipere vultis." „Atqui id tibi" inquit LAELIUS „verendum est, si ea dixeris, quae contra iustitiam dici solent, ne sic etiam sentire videare! Cum et ipse sis quasi unicum exemplum antiquae probitatis et fidei nec sit ignota consuetudo tua contrarias in partīs disserendi, quod ita facillume verum inveniri putes." Et PHILUS: „Heia vero" inquit „geram morem vobis et me oblinam sciens. Quod quoniam, qui aurum quaerunt, non putant sibi recusandum, nos, cum iustitiam quaeramus, rem multo omni auro cariorem, nullam profecto molestiam fugere debemus. Atque utinam, quem ad modum oratione sum usurus aliena, sic mihi ore uti liceret alieno! Nunc ea dicenda sunt L. Furio Philo, quae Carneades, Graecus homo et consuetus, quod commodum esset, verbis ⟨exprimere, contra iustitiam dixit.⟩"

8

praeclāra vērō causa: wahrlich ein herrlicher (Rechts-)Fall · **dēferre:** übertragen · **patrōcinium:** *3 · **atquī:** ja doch · **ūnicus:** einzigartig · **contrāriās in partēs disserere aliquid:** etwas nach Für und Wider erörtern · **mōrem gerere alicuī:** jem. den Willen tun · **heia vērō** *(umgangssprachlich):* also gut! · **oblinere:** beschmutzen · **recūsāre:** ablehnen · **molestia:** Mißlichkeit · **quemadmodum . . ., sic** ≈ ut . . ., sic · **Carneades,** *Leiter der Neuen Akademie und Skeptiker (gest. 129), pflegte die Erörterung nach Für und Wider.*

Rede des Philus

9–11 *Der Anfang der Rede ist verloren. In diesem Abschnitt hat Philus Platons und Aristoteles' Definition der Gerechtigkeit angeführt (Bericht des Lactanz), dann (vgl. § 12) das Bemühen dieser Philosophen als gescheitert bezeichnet.*

12 *1. Die Gerechtigkeit: ein relativer Wert*

∗ [. . .] Nam ab Chrysippo nihil magnum nec magnificum desideravi, qui suo quodam more loquitur, ut omnia verborum momentis, non rerum ponderibus examinet. Illorum fuit heroum eam virtutem, quae est una, si modo est, maxime munifica et liberalis et quae omnīs magis quam sepse diligit, aliis nata potius quam sibi, excitare iacen-
13 tem et in illo divino solio non longe a sapientia conlocare. Nec vero illis aut voluntas defuit – quae enim iis scribendi alia causa aut quod omnino consilium fuit? – aut ingenium, quo omnibus praestiterunt. Sed eorum et voluntatem et copiam causa vicit. Ius enim, de quo quaerimus, civile est aliquod, naturale nullum. Nam si esset, ut calida et frigida et amara et dulcia, sic essent iusta et iniusta eadem omnibus.

14 *2. Das Recht: eine Satzung der Menschen*

Nunc autem [. . .] eam[que] unam ob causam Xerxes inflammari Atheniensium fana iussisse dicitur, quod deos, quorum domus esset omnis hic mundus, inclusos parietibus contineri nefas esse duceret.
15 Post autem cum Persis et Philippus, qui cogitavit, et Alexander, qui gessit, hanc bellandi causam inferebat, quod vellet Graeciae fana poenire. Quae ne reficienda quidem Grai putaverunt, ut esset posteris ante os documentum Persarum sceleris sempiternum. Quam multi – ut Tauri in Axino, ut rex Aegypti Busiris, ut Galli, ut Poeni – homines immolare et pium et diis immortalibus gratissumum esse duxerunt!

Vitae vero instituta sic distant, ut Cretes et Aetoli latrocinari honestum putent, Lacedaemonii suos omnīs agros esse dictitarint,

---

12
Chrysippus *(gest. 205): dritter Schulleiter der Stoa* · **exāmināre:** (ab)wägen · **illōrum . . . herōum:** *gemeint sind Platon und Aristoteles.* · **eam virtūtem:** *gemeint ist die* iustitia. · sī modo: *5 · **mūnificus** (*zu* mūnus): großzügig · **sēpse** ≈ sē ipse · **excitāre iacentem:** eine(n) Darniederliegende(n) aufrichten · **solium:** Thron
13
omnīnō: *5 · **cōnsilium:** *hier* Absicht · **cīvīlis:** staatlich · **nam sī esset:** *erg.* natūrāle aliquid · **ut . . .:** *vorgezogener Vergleichssatz zu* sic essent · **calidus:** warm · **amārus:** bitter
14
inclūdere: einschließen · **pariēs,** -etis *m.:* Wand

15
Philippus: *König von Makedonien (359–336) und Vater Alexander des Großen (336–323)* · **poenīre** *(altlateinisch)* ≈ pūnīre · **Grāī** *(altlateinisch)* ≈ Graecī · **Taurī in Axīnō:** die Taurer am Schwarzen Meer · **Būsīris:** *mythischer König in Ägypten* · **distāre:** sich unterscheiden · **Crētēs,** -um: die Kreter · **Aetolī:** die Ätoler *(Volk in Mittelgriechenland)* · **latrōcinārī:** Raubzüge unternehmen · **dictitāre** (*Intensivum zu* dīcere): (immer wieder) sagen · **spīculum:** Speerspitze, Speer *(so dichterisch)* · **pūblicē:** von Staats wegen · **olea** ≈ oliva · **frūgēs,** -um *f. pl.:* Feldfrüchte, *bes.* Getreide · **dēmetere:** abmähen

quos spiculo possent attingere. Athenienses iurare etiam publice solebant omnem suam esse terram, quae oleam frugesve ferret. Galli turpe esse ducunt frumentum manu quaerere; itaque armati alienos agros demetunt. Nos vero iustissimi homines, qui Transalpi- **16**
nas gentīs oleam et vitem serere non sinimus, quo pluris sint nostra oliveta nostraeque vineae. Quod cum faciamus, prudenter facere dicimur, iuste non dicimur, ut intellegatis discrepare ab aequitate sapientiam. Lycurgus autem, ille legum optumarum et aequissumi iuris inventor, agros locupletium plebi ut servitio colendos dedit.

Genera vero si velim iuris institutorum, morum consuetudinum- **17**
que describere, non modo in tot gentibus varia, sed in una urbe, vel in hac ipsa, milliens mutata demonstrem, ut hic iuris noster interpres alia nunc Manilius iura dicat esse de mulierum legatis et hereditati bus, alia solitus sit adulescens dicere nondum Voconia lege lata. Quae quidem ipsa lex utilitatis virorum gratia rogata in mulieres plena est iniuriae. Cur enim pecuniam non habeat mulier? cur virgini Vestali sit heres, non sit matri suae? cur autem, si pecuniae modus statuendus fuit feminis, P. Crassi filia posset habere, si unica patri esset, aeris milliens salva lege, mea triciens non posset ∗

∗ ⟨Si ergo natura⟩ sanxisset iura nobis, et omnes isdem et idem non **18**

3. Der vir iustus und die Relativität des Rechts

alias aliis uterentur. Quaero autem, si iusti hominis et si boni est viri parere legibus, quibus? an quaecumque erunt? At nec inconstantiam virtus recipit nec varietatem natura patitur legesque poena, non iustitia nostra comprobantur. Nihil habet igitur naturale ius. Ex quo illud efficitur: ne iustos quidem esse natura. An vero in legibus varietatem esse dicunt, natura autem viros bonos eam iustitiam sequi, quae sit, non eam, quae putetur? Esse enim hoc boni viri et iusti: tribuere id cuique, quod sit quoque dignum. Ecquid ergo primum **19**
mutis tribuemus beluis? Non enim mediocres viri, sed maxumi et

---

16
nōs vērō iū. h.: *erg.* sumus · **vītis:** Weinrebe · **serere:** säen, pflanzen · **olīvētum:** Ölgarten, Ölhain · **vīnea:** Weinberg · prūdenter: *4 · **discrepāre:** sich unterscheiden · **Lycūrgus:** *vgl. zu 2,15* · **locuplēs,** -plētis: begütert, reich · **servitium:** Sklavenschar, Sklaven

17
milliēns: tausendfach · **M.' Manilius:** *s. Einl. S. 7* · **lēgātum:** Vermächtnis, Legat · **hērēditās:** Erbschaft · **Voconia lēx,** *von Cato censor unterstützt, schränkte den Luxus von Frauen ein* · **hērēs:** Erbe, Erbin · **ūnicus:** einzig · **lēgem ferre/rogāre:** ein Gesetz vorschlagen/(beim Volk) beantragen · **P**(ūblius) Licinius **Crassus,** *Konsul 131, bedeutender Rechtskenner* · **salvā lēge:** unbeschadet des Gesetzes, ohne Gesetzesverletzung · **trīciens:** dreißigfach

18
sancīre, -iō, sanxī, sanctum: festsetzen · **īisdem:** *erg.* lēgibus · **incōnstantia:** Widersprüchlichkeit · **recipere:** hinnehmen, zulassen

19
ecquid ≈ num quid · **mūtus:** stumm, ohne Rede und Vernunft (Logos) · **bēlua:** *4 · **mediocris:** mittelmäßig, gewöhnlich ·

docti, Pythagoras et Empedocles, unam omnium animantium condicionem iuris esse denuntiant clamantque inexpiabilīs poenas impendere iis, a quibus violatum sit animal. Scelus est igitur nocere bestiae, quod scelus qui velit ⟨vitare, sibi ipsi noceret.⟩ *

20–22 *Jedes Volk und jede Zeit halten ihre Rechtssatzungen für „gerecht". Diese folgen aber vor allem Nützlichkeitserwägungen. (Bericht bei Lactanz)*

27 Quaero: Si duo sint, quorum alter optimus vir, aequissimus, summa iustitia, singulari fide, alter insigni scelere et audacia, et si in eo sit errore civitas, ut bonum illum virum sceleratum, facinerosum, nefarium putet, contra autem eum, qui sit inprobissimus, existimet esse summa probitate ac fide proque hac opinione omnium civium bonus ille vir vexetur, rapiatur, manus ei denique auferantur, effodiantur oculi, demnetur, vinciatur, uratur, exterminetur, egeat, postremo iure etiam optimo omnibus miserrimus esse videatur, contra autem ille improbus laudetur, colatur, ab omnibus diligatur, omnes ad eum honores, omnia imperia, omnes opes, omnes undique copiae conferantur, vir denique optimus omnium existimatione et dignissimus omni fortuna optima iudicetur: quis tandem erit tam demens, qui dubitet, utrum se esse malit?

Quod in singulis, idem est in populis: nulla est tam stulta civitas, quae non iniuste imperare malit quam servire iuste. [...]

4. Demaskierung vorgeblicher Gerechtigkeit: das Problem des Imperialismus

24 * [...] Sapientia iubet augere opes, amplificare divitias, proferre fines – unde enim esset illa laus in summorum imperatorum incisa monumentis ‚finīs imperii propagavit', nisi aliquid de alieno accessisset? –, imperare quam plurimis, frui voluptatibus, pollere, regnare, dominari. Iustitia autem praecipit parcere omnibus, consulere generi hominum, suum cuique reddere, sacra, publica, aliena non tangere. Quid igitur efficitur, si sapientiae pareas? Divitiae, potestates, opes, honores, imperia, regna vel privatis vel populis. Sed quoniam de re publica loquimur suntque inlustriora, quae publice fiunt, quoniamque eadem est ratio iuris in utroque, de populi sapientia dicendum puto, et ut iam omittam alios: noster hic populus, quem Africanus

---

Pythagoras *(gest. um 500): Philosoph, Mathematiker und Politiker* · **Empedocles** *(5. Jahrhundert), aus Akrigent (Sizilien): Verfasser eines Lehrgedichtes über die Natur* · **inexpiābilis:** unsühnbar

20 ff

Anordnung der erhaltenen Abschnitte im wesentlichen nach K. Büchner.

27

Sb sī duō: *vgl. AK*
insīgnis: ausgezeichnet, ausnehmend · **contrā** *(Adv.):* dagegen · **probitās:** *zu* probus · **prō** (hāc opīniōne): entsprechend · **manūs auferre:** die Hände abschlagen · **oculōs effodere:** die Augen ausstechen · **exterminārе:** außer Landes weisen · (quis) tandem: *5

24

sapientia: *4 · **propagāre:** ausdehnen, erweitern · **incīdere:** einmeißeln · **pollēre** ≈ valēre · dominārī: *3 · **prīvātīs ... populīs:** *Dat. commodi* · **pūblicē:** von Staats wegen · **ratiō:** *hier* Begründung · omittere: *5 · **hesternus:** gestrig *(Rückverweis auf Buch 2)* · **ā stirpe repetere:** vom Anfang an berichten

hesterno sermone a stirpe repetivit, cuius imperio iam orbis terrae tenetur: iustitia an sapientia est e minimo omnium ⟨maximus factus?⟩ *

Lactanz führt in seinem Bericht über den verlorenen Abschnitt als kleine Beispiele den Verkauf eines unzuverlässigen Sklaven oder eines schadhaften Hauses ohne Mitteilung der Beeinträchtigung an, als große Beispiele die gewaltsame Aneignung einer Schiffsplanke im Kampf unter Ertrinkenden oder eines Pferdes unter Fliehenden durch den Stärkeren.

29–31
5. sapientia – iustitia: ein unaufhebbarer Gegensatz

Philus hat seine streng gegliederte Rede wohl mit einer Zusammenfassung abgeschlossen. Ausgehend von dem Satz „sine summa iniuria rem p. geri non posse" *(I 70), läßt sich etwa folgender Zusammenhang erschließen: (1) Verteidigung römischer „Realpolitik" als Wahrung der* salus publica; *(2) Schlußfolgerung von der Relativität aller Werte auf die Unvereinbarkeit von* sapientia *und* iustitia, *wofern beide philosophisch verstanden werden. Damit war* humanitas/natura hominum *(§ 33) als Maßstab der Politik zurückgewiesen.*

6. Zusammenfassung

Rede des Laelius

Nach einem (nur fragmentarisch erhaltenen) Zwischengespräch nimmt Laelius das Wort zur Gegenrede.

Die zerstörerische Kraft der menschlichen Begierden widerstrebt dem allen Menschen angeborenen Naturgesetz:
Poeni primi mercaturis et mercibus suis avaritiam et magnificentiam et inexplebiles cupiditates omnium rerum importaverunt in Graeciam. – Est igitur quiddam turbulentum in hominibus singulis, quod vel exultat voluptate vel molestia frangitur. (*als Zitate überliefert*; exultare: jubeln)

32
1. Begierden und Naturgesetz

33
2. Die Ordnung der Natur als Vorbild für die Gesetzgebung des Staates

Est quidem vera lex recta ratio, naturae congruens, diffusa in omnīs, constans, sempiterna, quae vocet ad officium iubendo, vetando a fraude deterreat, quae tamen neque probos frustra iubet aut vetat nec improbos iubendo aut vetando movet. Huic legi nec obrogari fas est neque derogari aliquid ex hac licet neque tota abrogari potest nec vero aut per senatum aut per populum solvi hac lege possumus neque est quaerendus explanator aut interpres Sextus Aelius nec erit alia lex Romae, alia Athenis, alia nunc, alia posthac, sed et omnes gentes et omni tempore una lex et sempiterna et inmutabilis continebit, unusque erit communis quasi magister et imperator omnium:

33
quidem: *5 · **rēcta ratiō:** ‚aufrechte' (≈ gesunde, nicht beeinträchtigte) Vernunft · **congruere alicuī reī:** übereinstimmen mit etwas · **diffūsus:** sich ergießend, sich verbreitend · **sempiternus** (*zu* semper): immerwährend · **dēterrēre:** abschrecken · **lēgem obrogāre/dērogāre/abrogāre:** ein Gesetz (in der Geltung) einschränken/teilweise ungültig machen/(ganz) außer Kraft setzen (*jeweils durch Einbringung und Abstimmung in der Volksversammlung:* rogare) · **explānātor:** Erklärer · **interpres,** -tis: Deuter, Ausleger · **Sextus Aelius** (Paetus Catus): *berühmter Rechtskenner des 2. Jahrhunderts* · **posthāc:** künftig · **immūtabilis:** *2 ·

Deus. Ille legis huius inventor, disceptator, lator; cui qui non parebit, ipse se fugiet ac naturam hominis aspernatus hoc ipso luet maximas poenas, etiamsi cetera supplicia, quae putantur, effugerit. *(Lactantius[1])*

34 *3. Der Lohn der Gerechtigkeit*

(Augustinus[2]:) Scio in libro Ciceronis tertio, nisi fallor, de re publica disputari: Nullum bellum suscipi a civitate optima nisi aut pro fide aut pro salute. *Quid autem dicat pro salute vel intellegi quam salutem velit, alio loco demonstrans:* Sed his poenis, quas etiam stultissimi sentiunt, egestate, exsilio, vinculis, verberibus, elabuntur saepe privati oblata mortis celeritate, civitatibus autem mors ipsa poena est, quae videtur a poena singulos vindicare. Debet enim constituta sic esse civitas, ut aeterna sit. Itaque nullus interitus est rei publicae naturalis ut hominis, in quo mors non modo necessaria est, verum etiam optanda persaepe. Civitas autem cum tollitur, deletur, extinguitur, simile est quodam modo – ut parva magnis conferamus – ac si omnis hic mundus intereat et concidat.

35 *(Isidorus[3]:)* Illa iniusta bella sunt, quae sunt sine causa suscepta. Nam extra quam ulciscendi aut propulsandorum hostium causa bellum geri iustum nullum potest. *Et hoc idem Tullius parvis interiectis subdidit:* Nullum bellum iustum habetur nisi denuntiatum, nisi indictum, nisi de repetitis rebus.

37 *4. Gerechte Herrschaft als Verfügung der Besseren über die Schlechteren*

Sed et imperandi et serviendi sunt dissimilitudines cognoscendae. Nam *ut* animus corpori dicitur imperare, dicitur etiam libidini, sed corpori ut rex civibus suis aut parens liberis, libidini autem ut servis dominus, quod eam coercet et frangit, *sic* regum, sic imperatorum, sic magistratuum, sic patrum, sic populorum imperia civibus sociisque praesunt, ut corporibus animus, domini autem servos *ita* fatigant, *ut* optima pars animi – id est sapientia – eiusdem animi vitiosas imbecillasque partes, ut libidines, ut iracundias, ut perturbationes ceteras.

---

inventor: Erfinder · **disceptātor:** Schiedsrichter · **lātor:** Beantrager · **aspernārī:** verschmähen · **poenās luere** *(altlateinisch)* ≈ poenās dare · **supplicia** *n. pl.*:(schwere) Strafen · **quae putantur:** *im Dt. Adjektiv*

33–35

Quellen: (1) *Lactantius, inst. 6, 8,6ff.* – (2) *Augustinus, de civ. Dei 22,6* – (3) *Isidorus von Sevilla in seiner Enzyklopädie „Etymologiae" 18,12ff.*

34

ēlābī (poenīs): entgehen · **quid dīcat . . .:** was er meint mit · **verbera,** -um *n. pl.* (*zu* verberāre): Prügel · **oblātā mortis celeritāte:** wenn sich der Tod rasch einstellt · **vindicāre ā poenā:** von der Strafe freistellen · **persaepē** ≈ saepissimē · **ac sī** ≈ quasī

35

propulsāre: zurückschlagen, vertreiben · **bellum dēnūntiāre / indīcere:** Krieg androhen / (förmlich) erklären · **rēs repetere:** Ersatz (für Schaden) fordern, Genugtuung fordern

37

parēns, -ntis: Vater · **frangere:** brechen, zähmen · **fatīgāre:** zur Erschöpfung treiben · **imbecillus:** schwach · **īrācundia:** Jähzorn · **famulārī:** dienen, frönen

Est enim genus iniustae servitutis, cum ii sunt alterius, qui sui possunt esse; cum autem ii famulantur *

Im folgenden hat Laelius wohl auf Punkt 5 der Rede des Philus Bezug genommen und die Untrennbarkeit der sapientia *des Politikers von der* iustitia *betont.* *5. Klugheit und Gerechtigkeit*

* ⟨ut se gessit in⟩ Asia Ti. Gracchus, perseveravit in civibus, sociorum nominisque Latini iura neglexit ac foedera. Quae si consuetudo ac licentia manare coeperit latius imperiumque nostrum ad vim a iure traduxerit, ut, qui adhuc voluntate nobis oboediunt, terrore teneantur, etsi nobis, qui id aetatis sumus, evigilatum fere est, tamen de posteris nostris et de illa immortalitate rei publicae sollicitor, quae poterat esse perpetua, si patriis viveretur institutis et moribus." **41** *6. Unvergänglichkeit des gerechten Staates*

Alle Anwesenden, besonders Scipio, zeigen sich von Laelius' Rede angetan. Nach einem Zwischengespräch nimmt Scipio das Wort. (Der Anfang seiner Rede ist verloren.) *42*

Rede Scipios

(SCIP.) * „[...] Ergo illam rem populi, id est rem publicam, quis diceret tum, cum crudelitate unius oppressi essent universi neque esset unum vinculum iuris nec consensus ac societas coetus, quod est populus? Atque hoc idem Syracusis. Urbs illa praeclara, quam ait Timaeus Graecarum maxumam, omnium autem esse pulcherrimam: arx visenda, portus usque in sinus oppidi et ad urbis crepidines infusi, viae latae, porticus, templa, muri nihilo magis efficiebant, Dionysio tenente ut esset illa res publica. Nihil enim populi et unius erat populus ipse. Ergo ubi tyrannus est, ibi non vitiosam, ut heri dicebam, sed, ut nunc ratio cogit, dicendum est plane nullam esse rem publicam." **43** *Verfehlte und wahre res publica*

41

Sb Ut sē gessit ... ‹ita› persēverāvit · Quae sī cōnsuētūdō ...: *vgl. AK*
in Asiā: im Fall Kleinasiens; *gemeint ist Pergamon, das – wohl aufgrund römischer Erpressung – von Attalos III. den Römern vererbt wurde.* · **persevērāre:** verharren · **nōmen Latīnum:** die Latiner (alles, was den Namen der Latiner trägt) · **cōnsuētūdō ac licentia:** *Hendiadyoin* · **manāre:** fließen, sich ausbreiten · **nōbīs** *(Dat. auct.)* ... **ēvigilātum ferē est:** wir haben geradezu bis in die Nächte darüber gewacht · **oboedīre** (*zu* audīre): gehorchen · **id aetātis esse** ≈ eius aetātis esse · **sollicitārī dē aliquā rē:** in Sorge sein wegen einer Sache · **patrius:** von den Vätern ererbt, traditionell

43

Sb Ergō illam ...: Ergō, quis illam („jenes Gebilde") rem populī ... dīceret tum, cum ...
Syracusae, -arum: Syrakus · **Timaeus** *(gest. 250) aus Taormina (Sizilien), Verfasser eines Geschichtswerkes, das das Werk des Polybios fortsetzte* · **vīsendus:** sehenswert · **portūs ūsque in sinūs oppidī et ad urbis crepidinēs īnfūsī:** „Hafenanlagen, die sich tief bis ins bebaute Gebiet und an die Kais der Stadt hineinziehen" · **porticus,** -ūs *f.:* Säulenhalle · **Dionysius:** *(der Jüngere), Tyrann von Syrakus (367–344)* · **vitiōsus:** fehlerhaft, mangelhaft · **ratiō cōgit:** die Beweisführung ergibt zwingend

44 „Praeclare quidem dicis" LAELIUS, „etenim video iam, quo pergat oratio." (SCIP.) „Vides igitur ne illam quidem, quae tota sit in factionis potestate, posse vere dici rem publicam." (LAEL.) „Sic plane iudico." (SCIP.) „Et rectissime quidem iudicas. Quae enim fuit tum Atheniensium res, cum post magnum illud Peloponnesiacum bellum triginta viri illi urbi iniustissime praefuerunt? Num aut vetus gloria civitatis aut species praeclara oppidi aut theatrum, gymnasia, porticus aut propylaea nobilia aut arx aut admiranda opera Phidiae aut Piraeus ille magnificus rem publicam efficiebat?" „Minime vero," LAELIUS „quoniam quidem populi res non erat." (SCIP.) „Quid? cum decemviri Romae sine provocatione fuerunt tertio illo anno, cum vindicias amisisset ipsa libertas?" (LAEL.) „Populi nulla res erat, immo vero id populus egit, ut rem suam recuperaret."

45 (SCIP.) „Venio nunc ad tertium genus illud, in quo esse videbuntur fortasse angustiae. Cum per populum agi dicuntur et esse in populi potestate omnia, cum, de quocumque vult, supplicium sumit multitudo, cum agunt, rapiunt, tenent, dissipant, quae volunt: potesne tum, Laeli, negare rem esse illam publicam? Cum populi sint omnia, quoniam quidem populi esse rem volumus rem publicam." Tum LAELIUS: „Ac nullam quidem citius negaverim esse rem publicam quam istam, quae tota plane sit in multitudinis potestate. Nam si nobis non placebat Syracusis fuisse rem publicam neque Agrigenti neque Athenis, cum essent tyranni, neque hic, cum decemviri, non video, quī magis in multitudinis dominatu rei publicae nomen appareat, quia primum mihi populus non est, ut tu optime definisti, Scipio, nisi qui consensu iuris continetur, sed est tam tyrannus iste conventus, quam si esset unus, hōc etiam taetrior, quia nihil ista, quae populi speciem et nomen imitatur, immanius belua est. Nec vero convenit, cum furiosorum bona legibus in adgnatorum potestate sint [. . .] *

Danach sprach Scipio wohl vom Königtum. Ein Zwischengespräch zwischen Scipio und Mummius schließt sich an:

44
quō pergat ōrātiō: worauf die Rede hinausgeht · **illam** *ist Subjekt und wird an das Prädikatsnomen* rem pūblicam *angeglichen* · **post . . . Peloponnesiacum bellum:** *nach ihrem Sieg (404) setzten die Spartaner in Athen 30 Aristokraten als Machthaber („30 Tyrannen") ein.* · **Propylaea,** *n. pl.:* die Propyläen *(Torbau der Akropolis von Athen)* · **Phīdiās** *war wohl der größte Bildhauer der Antike (tätig 460–430).* · **decemvirī:** *vgl. 2,54* · **prōvocātiō:** Berufung *(bei einem höheren Beamten)* · **vindiciae,** -ārum: (Rechts-)Anspruch · **lībertās:** *Personifikation* · **recuperāre:** zurückgewinnen

45
angustiae, -ārum: Engpaß, Schwierigkeiten · **supplicium sūmere dē aliquō:** die Todesstrafe an jem. vollziehen · **dissipāre:** vergeuden · **quoniam quidem:** weil ja doch · **Agrigentum:** *das heutige Girgenti (auf Sizilien)* · **taeter,** -tra, -trum: abstoßend, scheußlich · **bēlua:** *4 · **adgnātus:** anverwandt

* ⟨ut de optimatibus fere eadem⟩ dici possint, cur illa sit res publica resque populi, quae sunt dicta de regno." „Et multo etiam magis" inquit MUMMIUS. „Nam in regem potius cadit domini similitudo, quod est unus. Plures vero boni in qua re publica rerum potientur, nihil poterit esse illa beatius. Sed tamen vel regnum malo quam liberum populum; id enim tibi restat genus vitiosissumae rei publicae tertium." **46**

Schlußteil: Bewertung aller besprochenen Verfassungsformen

Ad hunc SCIPIO „Adgnosco" inquit „tuum morem istum, Spuri, aversum a ratione populari. Et quamquam potest id lenius ferri, quam tu soles ferre, tamen adsentior nullum esse de tribus his generibus, quod sit probandum minus. Illud tamen non adsentior iusto praestare regi optimates. Si enim sapientia est, quae gubernet rem publicam, quid tandem interest, haec in unone sit an in pluribus? Sed errore quodam fallimur ita disputando, cum enim optumates appellantur, nihil potest videri praestabilius. Quid enim optumo melius cogitari potest? Cum autem regis est facta mentio, occurrit animis rex etiam iniustus. Nos autem de iniusto rege nihil loquimur nunc, cum de ipsa regali re publica quaerimus. Quare cogitato Romulum aut Pompilium aut Tullium regem: fortasse non tam illius te rei publicae paenitebit." **47**

(MUMM.) „Quam igitur relinquis populari rei publicae laudem?" Tum ille (SCIP.) „Quid? Tibi tandem, Spuri, Rhodiorum, apud quos nuper fuimus una, nullane videtur esse res publica?" (MUMM.) „Mihi vero videtur, et minime quidem vituperanda." (SCIP.) „Recte dicis. Sed si meministi, omnes erant idem tum de plebe, tum senatores, vicissitudinesque habebant, quibus mensibus populari munere fungerentur, quibus senatorio. Utrubique autem conventicium accipiebant. Et in theatro et in curia res capitalīs et reliquas omnīs iudicabant īdem. Tantum poterat tantique erat, quanti multitudo, ⟨senatus⟩ * **48**

46
sit rēs pūblica ...: *Rückverweis auf 1,39* · **cadere in aliquem:** auf jemand zutreffen ·
Sb plūrēs ... bonī, in quā rē pūblicā ..., illa beātius: nihil poterit esse beātius illā rē pūblicā, in quā plūrēs bonī rērum potientur.

47
a(d)gnōscere ≈ cōgnōscere · **aversus ā ratiōne populārī:** dem System der Demokratie abgeneigt · **illud:** *gemeint ist das* genus optimātium · **praestābilis:** vorzüglich · **mentiōnem facere alicuius reī:** eine Sache erwähnen · **occurrere animō:** vor die Seele treten · **mē paenitet alicuius reī:** ich bin unzufrieden mit etwas

48
vituperandus: zu tadeln, tadelnswert · **vicissitūdō:** Wechsel, Abwechslung · **utrubīque:** in beiden Fällen · **conventicium:** Sitzungsgeld

LIBER QUARTUS

Die Lebensgesetze (mores) der res publica

Vom vierten Buch sind nur wenige Bruchstücke erhalten. Hinzu kommen einige Zitate bei späteren Autoren. So lassen sich Stoff und Aufbau des Buches in etwa rekonstruieren. Das Thema ist in 2,65 angekündigt worden: de instituendis et conservandis civitatibus. *Wesentlich für das ganze Buch war die Auseinandersetzung mit dem, was die Griechen und besonders Platon zu diesem Thema gesagt haben. Folgende Punkte kamen zur Sprache:*

Corpus – animus

Die Vorzüge des Menschengeistes und seine Erfindungen (Ackerbau, Viehzucht, Einteilung des Jahres u. ä.)

Instituta

Die Klasseneinteilung des populus *bei der Abstimmung*

Die Erziehung: das sittliche Leben der Bürger Roms – Kritik an den Griechen

Sport und Soldatendienst bei Römern und Griechen

*Das Problem des Eigentums**

Frauen (Kritik an Platons Konzept, daß Frauen und Kinder gemeinsames Gut der „Wächter" im Staat sein sollen)

Mores (fides, parsimonia *u. a.**)

(wohl gesondert für den privaten und den staatlichen Bereich betrachtet)

Ars ludicra

Dichtung (Erregung von Leidenschaften: Gefahr für die Ordnung der res p.)

Tragödie und besonders Komödie als Gefahren für disciplina

Musik (Gedankenlinie: Änderung der Musik führt zur Gesinnungsänderung führender Männer, dann aller Bürger)*

Anmerkung zu Buch 4:

(*) *Zum Thema „Eigentum" vgl. Cic. de officiis 2, 73, zum Thema „fides, parsimonia etc." de officiis 2, 60. Die Behandlung des Themas Musik ist eine Auseinandersetzung mit Platon (vgl. Politeia / Der Staat 424c und Nomoi / Die Gesetze 700).*

Anmerkungen zu Buch 5:

(1) **Politīa:** Politie; Werk über den Staat · **rēctor:** *2 · **ēloquēns,** *Gen.* -ntis: beredt · **animī sēcrēta:** geheime Gedanken · **Catōnis factum:** Catos Handeln

LIBER QUINTUS

Der Staatsmann und seine Aufgabe

Das fünfte Buch, ebenfalls fast ganz verloren, begann (wie die Bücher 1 und 3) mit einem Vorwort Ciceros, einen neuen Tag des Gesprächs im Hause Scipios markierend. Dieses Proömium enthielt (wie Augustinus überliefert), eingeleitet durch den Enniusvers „moribus antiquis res stat Romana virisque“, *eine schonungslose Analyse des Zustandes der* res publica *und wahrscheinlich die Feststellung, die Rettung des Gemeinwesens sei nur von Männern alten Schlages zu erhoffen.*

Der Kommentator zu einer anderen Schrift Ciceros („De inventione“) gibt über das Folgende eine Inhaltsangabe[1]*:*

In Politia sua dicit Tullius rei publicae rectorem summum virum et doctissimum esse debere, ita ut sapiens sit et iustus et temperans et eloquens, ut possit facile currente eloquentia animi secreta ad regendam plebem exprimere. Scire etiam debet ius, Graecas nosse litteras, quod Catonis facto probatur, qui in summa senectute Graecis litteris operam dans indicavit, quantum utilitatis haberent.

Im Gespräch werden daraufhin dem wahren Staatsmann besonders folgende Eigenschaften zugesprochen:

○ *Wissen, insbesondere Rechtskenntnis: Die Schaffung des römischen Rechts wurde auf König Numa zurückgeführt. Mehr auf praktische Rechtsbehandlung als auf wissenschaftliche Kenntnis kommt es an*[2]*:*

SCIPIO: „Ergo, ut vilicus naturam agri novit, dispensator litteras scit, uterque autem se a scientiae delectatione ad efficiendi utilitatem refert, sic noster hic rector studuerit sane iuri et legibus cognoscendis, fontīs quidem earum utique perspexerit, sed se responsitando et lectitando et scriptitando ne impediat, ut quasi dispensare rem publicam et in ea quodam modo vilicare possit, summi iuris peritissimus, sine quo iustus esse nemo potest, civilis non imperitus, sed ita, ut astrorum gubernator, physicorum medicus; uterque enim illis ad artem suam utitur, sed se a suo munere non impedit.“

○ *Liebe zum Ruhm: Ruhm ist der wichtigste Lohn des Staatsmannes*

○ *Die Kardinaltugenden*[3]: sapientia, iustitia, magnitudo animi / fortitudo, moderatio.

○ *ferner* eloquentia, *die den Stoikern als* virtus *galt.*

---

(2) **vīlicus:** Verwalter · **dispēnsātor:** Hausverwalter, Rechnungsführer · **dēlectātiō scientiae:** aus dem (theoretischen) Wissen gewonnene Freude · **sē referre** (ad efficiendī ūtilitātem): sich ... zuwenden · **rēctor:** *2 · (studuerit) **sānē:** *5 · **utique:** auf jeden Fall · **respōnsitāre, lectitāre, scrīptitāre:** *Intensiva zu* respondēre, legere, scrībere · **dispēnsāre:** bewirtschaften · **quōdam modō:** gewissermaßen · **vīlicāre:** als Verwalter (vīlicus) tätig sein · **summum iūs – cīvīle (iūs):** der Rechtsgrundsatz – das positive Recht · **gubernātor:** *2

(3) *Vgl. dazu den Kommentar des Macrobius zum „Somnium Scipionis“, 1, 8ff.*

LIBER SEXTUS

Der fast ganz verlorene erste Teil des sechsten Buches handelte von der prudentia *des Staatsmannes, den die Bürger rufen, dem zerrütteten Staat zu helfen. Er wird der politischen Vernunft zum Sieg über Leidenschaften verhelfen, die Zügellosigkeit einzelner niederwerfen. Der Staatsretter findet seinen Lohn im eigenen Gewissen und mehr noch im Jenseits.*

Zur Bekräftigung dieser These berichtet Scipio den Freunden nun von einer Traumerscheinung, die er in der Nacht nach seinem Besuch bei dem Numiderkönig Masinissa, vor dem Kampf um Karthago (also 149), hatte.

Somnium Scipionis

9 *Vorspiel* (SCIP.) „Cum in Africam venissem M.' Manilio consuli ad quartam legionem tribunus, ut scitis, militum, nihil mihi fuit potius, quam ut Masinissam convenirem, regem familiae nostrae iustis de causis amicissimum. Ad quem ut veni, conplexus me senex conlacrimavit aliquantoque post suspexit ad caelum et: ‚Grates' inquit ‚tibi ago, summe Sol, vobisque reliqui caelites, quod ante quam ex hac vita migro, conspicio in meo regno et his tectis P. Cornelium Scipionem, cuius ego nomine recreor ipso: Ita numquam ex animo meo discedit illius optimi atque invictissimi viri memoria.' Deinde ego illum de suo regno, ille me de nostra re publica percontatus est, multisque verbis ultro citroque habitis ille nobis est consumptus dies.

9
M.' Maniliō ... tribūnus ... mīlitum: für M. ... als Militärtribun *(zu M. vgl. Einl. S. 7)* · **nihil mihi fuit potius quam:** ich hatte nichts Eiligeres zu tun als · **Masinissa:** *der Numiderkönig M. (240–148) war seit 206 Bundesgenosse der Römer* · **convenīre:** aufsuchen, besuchen · **conlacrimāre:** weinen · **suspicere:** emporblicken · **grātēs agere** *(sakrale Sprache)* ≈ grātiās agere: Dank sagen · **summe Sōl:** erhabener Sonnengott · **caelitēs** *(dichterisch)* ≈ Himmlische; *gemeint sind die Sterne, die wie Mond und Sonne von den Numidern als Götter verehrt wurden* · **ex hāc vītā migrāre:** aus diesem Leben scheiden · **tēcta** *n. pl. (dichterisch)* ≈ domus · **nōmine recreor ipsō:** ich lebe allein schon durch den Namen auf · **invictus:** unbesiegt/unbesiegbar · **optimī ... virī:** *gemeint ist der ältere Scipio (gest. 183)* · **dē suō rēgnō:** *nachlässig für* de regno eius · **percontārī:** *(mit der Ruderstange, „contus") su*chen, *(intensiv)* fragen · **ultrō citrōque:** hin und her · **nōbīs:** *Dat. auct.* · **diem cōnsūmere:** den Tag verbringen

10
post autem *führt die zweite Hälfte des Tages ein* · **apparātus,** -ūs: Prunk · (sermōnem) **prōdūcere:** (das Gespräch) ausdehnen · **Āfricānus:** *gemeint ist Scipio maior* · **cubitum discēdere:** schlafen gehen · **dē viā fessus:** von der Reise müde *(begründendes* dē *ist umgangssprachlich)* · **qui ... vigilāssem:** *kausaler Nebensinn* · **artus somnus:** tiefer Schlaf · **hīc:** in diesem Augenblick · **ferē:** *5 · **cōgitātiō:** Gedanke · **Ennius** *(vgl. 1,3) schreibt, daß ihm Homer erschienen sei* · **vidēlicet:** *5 · **imāgō,** ginis *f:* Bild; imāginēs *(Wachsbilder) der Vorfahren waren im Atrium römischer Familienhäuser aufgestellt* · **āgnōscere** ≈

Post autem apparatu regio accepti sermonem in multam noctem produximus, cum senex nihil nisi de Africano loqueretur omniaque eius non facta solum sed etiam dicta meminisset. Deinde ut cubitum discessimus, me – et de via fessum et qui ad multam noctem vigilassem – artior quam solebat somnus complexus est. **10**

Traumerscheinung des Africanus maior

Hic mihi – credo equidem ex hoc, quod eramus locuti; fit enim fere, ut cogitationes sermonesque nostri pariant aliquid in somno tale, quale de Homero scribit Ennius, de quo videlicet saepissime vigilans solebat cogitare et loqui – Africanus se ostendit ea forma, quae mihi ex imagine eius quam ex ipso erat notior: Quem ubi agnovi, equidem cohorrui. Sed ille: ‚Ades‘ inquit ‚animo, et omitte timorem, Scipio, et quae dicam, trade memoriae.
Videsne illam urbem, quae parere **11**
populo Romano coacta per me renovat pristina bella nec potest quiescere?‘ Ostendebat autem Karthaginem de excelso et pleno stellarum, illustri et claro quodam loco. ‚Ad quam tu oppugnandam nunc venis paene miles, hanc hoc biennio consul evertes eritque cognomen id tibi per te partum, quod habes adhuc hereditarium a nobis. Cum autem Karthaginem deleveris, triumphum egeris censorque fueris et obieris legatus Aegyptum, Syriam, Asiam, Graeciam, deligēre iterum consul absens bellumque maximum conficies, Numantiam excindes. Sed cum eris curru in Capitolium invectus, offendes rem publicam consiliis perturbatam nepotis mei.

Hic tu, Africane, ostendas oportebit patriae lumen animi ingeniique **12**
tui consiliique. Sed eius temporis ancipitem video quasi fatorum viam. Nam cum aetas tua septenos octiens solis anfractus reditusque converterit duoque hi numeri, quorum uterque plenus alter altera de causa habetur, circuitu naturali summam tibi fatalem confecerint,

---

cōgnōscere · **cohorrēscere,** -ō, -horruī: zusammenschrecken · **adesse animō:** getrost sein · **memoriae trādere:** dem Gedächtnis einprägen, im G. bewahren

11

prīstina bella: der Erste (264–241) und Zweite (218–201) Punische Krieg · **excelsus:** erhaben; dē excelsō . . . locō: *gemeint ist die Milchstraße* · **(clārō) quōdam:** *5 · **paenē mīlēs:** *Scipio war 149 und 148 Militärtribun – eine im Vergleich zu seiner späteren Karriere unbedeutende Stellung* · **hōc bienniō:** in den folgenden zwei Jahren · **id cōgnōmen:** *nämlich* „Āfricānus“ · **partum . . . hērēditārium** *(prädikativ):* ererbt · **obīre:** bereisen · **dēligēre** ≈ dēligēris · **cōnficere:** *hier* beenden · **exscindere,** -ō, -scīdī, -scissum: zerstören · **currū invehī:** auf dem Wagen *(als Triumphator über die via Sacra zum Tempel des Jupiter Capitolinus)* fahren · **offendere (rem p.):** antreffen, vorfinden · **nepōtis meī:** *gemeint ist Ti. Gracchus*

12

hīc: in dieser Situation · **ostendās oportet** ≈ tē ostendere oportet · **eius temporis:** *gemeint ist der Zeitraum von 133–129; der Genitiv hängt ab von* **anceps,** *Gen.* ancipitis: (amb > an + caput: zweiköpfig) doppelt · **quasī** *entschuldigt die Metapher* fātōrum via · **septēnī:** je sieben · **octiēns:** achtmal · **anfractūs reditūsque convertere** (= convertendō cōnficere): Kreise und Kehren durchlaufen · **(numerus) plēnus:** rund; **a. a. dē causā:** *nämlich 7 als Primzahl und 8 als dritte Potenz zu 2* · **circuitus:** *2 · **summa fātālis:** „kritische“ Summe *(Scipio starb 129)* ·

in te unum atque in tuum nomen se tota convertet civitas, te senatus, te omnes boni, te socii, te Latini intuebuntur, tu eris unus, in quo nitatur civitatis salus, ac ne multa: dictator rem publicam constituas oportebit, si impias propinquorum manus effugeris.'"

Hic cum exclamavisset Laelius ingemuissentque vehementius ceteri, leniter arridens Scipio: „St! quaeso," inquit „ne me e somno excitetis et parumper audite cetera.

13 ‚Sed quo sis, Africane, alacrior ad tutandam rem publicam, sic habeto: omnibus, qui patriam conservaverint, adiuverint, auxerint, certum esse in caelo definitum locum, ubi beati aevo sempiterno fruantur. Nihil est enim illi principi deo, qui omnem mundum regit, quod quidem in terris fiat, acceptius, quam concilia coetusque hominum iure sociati, quae civitates appellantur. Harum rectores et conservatores hinc profecti huc revertuntur.'

14 *Erscheinung des Paulus – er weist auf den Kosmos*

Hic ego, etsi eram perterritus non tam mortis metu quam insidiarum a meis, quaesivi tamen, viveretne ipse et Paulus pater et alii, quos nos extinctos esse arbitraremur. ‚Immo vero' inquit ‚hi vivunt, qui e corporum vinclis tamquam e carcere evolaverunt, vestra vero, quae dicitur vita, mors est. Quin tu aspicis ad te venientem Paulum patrem?' Quem ut vidi, equidem vim lacrimarum profudi, ille autem me complexus atque osculans flere prohibebat.

15 Atque ego ut primum fletu represso loqui posse coepi, ‚Quaeso,' inquam ‚pater sanctissime atque optume, quoniam haec est vita, ut Africanum audio dicere: quid moror in terris? quin huc ad vos venire propero?' ‚Non est ita' inquit ille. ‚Nisi enim cum deus is, cuius hoc templum est omne, quod conspicis, istis te corporis custodiis liberaverit, huc tibi aditus patere non potest. Homines enim sunt hac lege generati, qui tuerentur illum globum, quem in hoc templo medium vides, quae terra dicitur, iisque animus datus est ex illis sempiternis ignibus, quae sidera et stellas vocatis, quae globosae et rotundae, divinis animatae mentibus, circos suos orbesque conficiunt celeritate mirabili. Quare et tibi, Publi, et piis omnibus retinendus animus est in custodia corporis nec iniussu eius, a quo ille est vobis datus, ex

---

bonī: *4 · **intuērī** + *Akk.*: schauen auf · **ac nē multa** (*erg.* dīcam): kurzum · **dictātor:** *prädikativ* · **cōnstituere:** *1 · **ingemīscere,** -ō, -gemuī: aufseufzen · **arrīdēre:** (zu)lächeln · **excitāre:** aufwecken · **parumper:** ein Weilchen

13
alacer: eifrig, bereitwillig · **sic habētō:** folgendes halte fest · **dēfīnīre:** *5 · **aevum** ≈ aetās · **ubi . . . fruantur** ≈ ut ibi fruantur · **prīnceps**
deus: der höchste Gott · **quod quidem** + *Konj.*: soweit *(einschränkend)* · **acceptus:** willkommen · **sociāre:** zusammenschließen, einen

14
(vīveretne) ipse: *gemeint ist Africanus maior* · **Paulus pater:** L. Aemilius Paulus *ist der leibliche Vater des Scipio Aemilianus (Africanus) minor* · **immō vērō:** ja sogar · **ōsculārī** (*zu* ōs, ōris): küssen

hominum vita migrandum est, ne munus humanum adsignatum a deo defugisse videamini. Sed sic, Scipio, ut avus hic tuus, ut ego, qui 16
te genui, iustitiam cole et pietatem, quae cum magna in parentibus et propinquis, tum in patria maxima est. Ea vita via est in caelum et in hunc coetum eorum, qui iam vixerunt et corpore laxati illum incolunt locum, quem vides' – erat autem is splendidissimo candore inter flammas circus elucens –, ,quem vos, ut a Grais accepistis, orbem lacteum nuncupatis.' Ex quo omnia mihi contemplanti praeclara cetera et mirabilia videbantur. Erant autem eae stellae, quas numquam ex hoc loco vidimus, et eae magnitudines omnium, quas esse numquam suspicati sumus, ex quibus erat ea minima, quae ultima a caelo, citima a terris luce lucebat aliena. Stellarum autem globi terrae magnitudinem facile vincebant. Iam vero ipsa terra ita mihi parva visa est, ut me imperii nostri, quo quasi punctum eius attingimus, paeniteret.

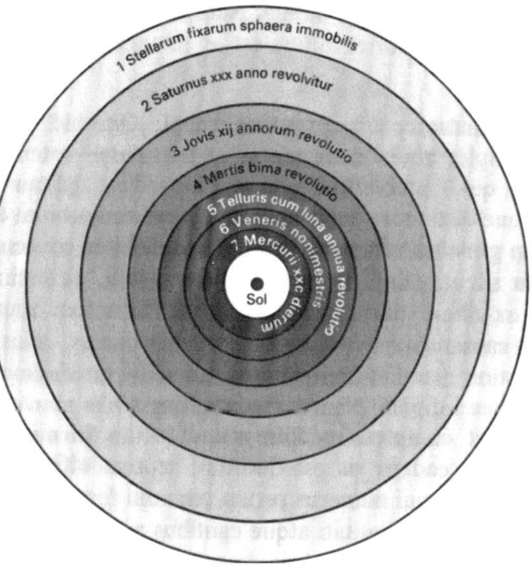

Abb. 6: *Zum Vergleich mit dem im folgenden beschriebenen Bild des Kosmos:* **Das Weltbild des Kopernikus** *nach seiner Schrift De revolutionibus orbium caelestium (1543)*

15
flētus, -ūs: Weinen · **reprimere** ≈ opprimere · **mōrārī:** verweilen · **templum:** *in sakraler Sprache der Bereich des Himmels, innerhalb dessen vom* augur *(Vogelschauer) die Vogelschau vollzogen wurde;* der heilige Bezirk, der Tempel(bereich) · **generāre:** (er)zeugen · **tuērī** *führt das in* templum *angesprochene Bild weiter* · **globus:** Kugel · **globōsus et rotundus** *(Hendiadyoin):* mit der vollkommenen Gestalt einer Kugel · **animātus:** beseelt · **adsīgnāre:** zuweisen

16
avus: *der Adoptivgroßvater, Scipio Africanus maior* · **laxāre:** befreien · **splendidus:** glänzend · **candor:** Schimmer · **circus:** *hier* Gürtel · **ēlūcēre:** aufleuchten · **Graiī** *(altlat.)* ≈ Graecī · **orbis lacteus:** Milchstraße · **nūncupāre** *(aus religiöser Sprache, feierlich):* nennen · **ex quō:** *wahrscheinlich nicht örtlich, sondern zeitlich aufzufassen* · **citimus:** der nächste

17
Erkennen der Ordnung des Kosmos – durch Sehen

Quam cum magis intuerer, ‚Quaeso,' inquit Africanus ‚quousque humi defixa tua mens erit? Nonne aspicis, quae in templa veneris? Novem tibi orbibus vel potius globis conexa sunt omnia, quorum unus est caelestis, extumus, qui reliquos omnes complectitur, summus ipse deus arcens et continens ceteros. In quo sunt infixi illi, qui volvuntur, stellarum cursus sempiterni. Huic subiecti sunt septem, qui versantur retro contrario motu atque caelum. Ex quibus unum globum possidet illa, quam in terris Saturniam nominant. Deinde est hominum generi prosperus et salutaris ille fulgor, qui dicitur Iovis. Tum rutilus horribilisque terris, quem Martium dicitis. Deinde subter mediam fere regionem Sol obtinet, dux et princeps et moderator luminum reliquorum, mens mundi et temperatio, tanta magnitudine, ut cuncta sua luce lustret et compleat. Hunc ut comites consequuntur Veneris alter, alter Mercurii cursus, in infimoque orbe Luna radiis Solis accensa convertitur. Infra autem iam nihil est nisi mortale et caducum praeter animos munere deorum hominum generi datos, supra Lunam sunt aeterna omnia. Nam ea, quae est media et nona, Tellus, neque movetur et infima est, et in eam feruntur omnia nutu suo pondera.'

18
– durch Hören

Quae cum intuerer stupens, ut me recepi, ‚Quis hic?' inquam ‚quis est, qui conplet aures meas tantus et tam dulcis sonus?' ‚Hic est' inquit ‚ille, qui – intervallis coniunctus inparibus, sed tamen pro rata parte ratione distinctis – inpulsu et motu ipsorum orbium efficitur, et acuta cum gravibus temperans varios aequabiliter concentus efficit. Nec enim silentio tanti motus incitari possunt, et natura fert, ut extrema ex altera parte graviter, ex altera autem acute sonent. Quam ob causam summus ille caeli stellifer cursus, cuius conversio est concitatior, acuto et excitato movetur sono, gravissimo autem hic Lunaris atque infimus. Nam terra nona inmobilis manens una sede semper haeret, complexa medium mundi locum. Illi autem octo cursus, in quibus eadem vis est duorum, septem efficiunt distinctos intervallis sonos, qui numerus rerum omnium fere nodus est. Quod docti homines nervis imitati atque cantibus aperuerunt sibi reditum in hunc locum, sicut alii, qui praestantibus ingeniis in vita humana divina studia coluerent.

19
Hoc sonitu oppletae aures hominum obsurduerunt, nec est ullus hebetior sensus in vobis, sicut, ubi Nilus ad illa, quae Catadupa nominantur, praecipitat ex altissimis montibus, ea gens, quae illum locum adcolit, propter magnitudinem sonitus sensu audiendi caret. Hic vero tantus est totius mundi incitatissima conversione sonitus, ut eum aures hominum capere non possint, sicut intueri solem adversum nequitis eiusque radiis acies vestra sensusque vincitur.'

Als ich sie immer weiter betrachtete, sagte Africanus: „Ich bitte dich, wie lange wird dein Geist am Boden haften bleiben? Siehst du denn nicht, in welche Bezirke du gekommen bist? Aus neun Kreisen oder besser Kugelschalen ist das All zusammengefügt. Die eine von ihnen ist die des Himmels, die äußerste, die alle anderen umfaßt, die höchste Gottheit selbst, die die anderen umschließt und in sich enthält. Ihr sind jene ewig kreisenden Bahnen der Fixsterne fest eingefügt. Unter ihnen liegen die sieben Sphären, die sich rückwärts drehen in entgegengesetzter Bewegung zur Himmelssphäre. Eine von ihnen hat jener Stern inne, den man auf Erden Saturn nennt. Darauf folgt jene dem Menschengeschlecht günstige und heilbringende Leuchte, die Juppiter benannt ist, dann die rötliche, für die Erde schreckenbringende, die ihr die des Mars nennt. Darunter dann hat etwa den mittelsten Bezirk der Sonnengott inne, Führer und Fürst und Lenker der übrigen Lichter, Seele und Regent des Weltalls, von solcher Größe, daß er alles mit seinem Licht durchstrahlt und erfüllt. Ihn begleiten wie Trabanten die Bahnen der Venus und des Merkur, und in der untersten Sphäre dreht sich der Mond, von den Strahlen der Sonne entzündet. Unterhalb seiner aber gibt es nichts mehr als Sterbliches und Vergängliches bis auf die Seelen, die durch das Geschenk der Götter dem Menschengeschlecht gegeben sind; oberhalb des Mondes ist alles ewig. Denn sie, die die Mitte und die neunte ist, die Erde, bewegt sich nicht und ist zuunterst, und zu ihr strebt alles Gewichtige durch eigene Schwere.“ **17**

Indem ich dies staunend betrachtete, sagte ich endlich, nachdem ich mich gefaßt hatte: „Was ist dies für ein mächtiges und süßes Tönen, das meine Ohren erfüllt?“ „Dies ist“, antwortete er, „der Ton, der, zusammengefügt mit ungleichen, aber im rechten Verhältnis zueinander abgestimmten Intervallen, durch den Schwung und die Bewegung der Sphären selbst hervorgebracht wird und, Hohes mit Tiefem mischend, verschiedene Zusammenklänge ausgleichend hervorbringt. Denn nicht lautlos können so ungeheure Bewegungen in Gang kommen, und die Natur bringt es mit sich, daß das jeweils Äußerste auf der einen Seite tief, auf der andern Seite aber hoch klingt. Daher vollzieht sich der Umlauf jener obersten, die Fixsterne tragenden Himmelssphäre, deren Umdrehung schneller ist, mit einem hohen, durchdringenden Ton, mit dem tiefsten hingegen der der untersten hier, der Mondsphäre; denn die Erde, die neunte in der Reihe, verharrt in unbeweglichem Verweilen stets am selben Ort, die Mitte des Weltalls einnehmend. Jene acht Kreisläufe aber, unter denen zwei die gleiche Kraft haben, erzeugen sieben, durch Intervalle getrennte Töne, die Zahl, die fast aller Dinge Knotenpunkt ist. Das haben kluge Menschen mit Saiten und Tönen nachgeahmt und sich damit die Rückkehr an diesen Ort eröffnet gleich anderen, die kraft überragenden Geistes im menschlichen Leben göttliche Studien getrieben haben. **18**

Von diesen Tönen allzusehr erfüllt, sind die Ohren der Menschen dafür taub geworden, und kein Sinn in euch ist abgestumpfter, wie denn auch dort, wo der Nil bei den sogenannten Katadupa-Fällen von den höchsten Bergen niederstürzt, das Volk, welches jene Gegend bewohnt, wegen der Stärke des Rauschens den Gehörsinn eingebüßt hat. Dieses durch das überschnelle Kreisen des ganzen Weltalls erzeugte Getöse ist aber so gewaltig, daß die Ohren der Menschen es gar nicht fassen können, so wie ihr auch nicht gegen die Sonne sehen könnt und von ihren Strahlen eure Sehschärfe und eure Wahrnehmungskraft besiegt wird.“ **19**

Übersetzung: K. Ziegler

Die Wertlosigkeit des Ruhmes

20 Haec ego admirans referebam tamen oculos ad terram identidem. Tum Africanus: ‚Sentio‘ inquit ‚te sedem etiam nunc hominum ac domum contemplari. Quae si tibi parva, ut est, ita videtur, haec caelestia semper spectato, illa humana contemnito. Tu enim quam celebritatem sermonis hominum aut quam expetendam consequi gloriam potes? Vides habitari in terra raris et angustis in locis et in ipsis quasi maculis, ubi habitatur, vastas solitudines interiectas eosque, qui incolunt terram, non modo interruptos ita esse, ut nihil inter ipsos ab aliis ad alios manare possit, sed partim obliquos, partim transversos, partim etiam adversos stare vobis. A quibus expectare gloriam certe nullam potestis.

21 Cernis autem eandem terram quasi quibusdam redimitam et circumdatam cingulis, e quibus duos maxime inter se diversos et caeli verticibus ipsis ex utraque parte subnixos obriguisse pruina vides, medium autem illum et maximum solis ardore torreri. Duo sunt habitabiles, quorum australis ille, in quo qui insistunt, adversa vobis urgent vestigia, nihil ad vestrum genus; hic autem alter subiectus aquiloni, quem incolitis, cerne, quam tenui vos parte contingat. Omnis enim terra, quae colitur a vobis, angustata verticibus, lateribus latior, parva quaedam insula est circumfusa illo mari, quod Atlanticum, quod magnum, quem Oceanum appellatis in terris, qui tamen

22 tanto nomine quam sit parvus vides. Ex his ipsis cultis notisque terris num aut tuum aut cuiusquam nostrum nomen vel Caucasum hunc quem cernis transcendere potuit vel illum Gangen tranatare? Quis in

---

20
identidem: immer wieder · **contemplārī:** *vgl. o. § 15 zu* templum · **caelestia:** Erscheinungen am Himmel · **celebritās sermōnis hominum:** Berühmtheit im Gespräch der Menschen · **macula:** Flecken · **sōlitūdō,** -dinis: Einöde · **interiectus** (zu inter-icere): dazwischen (geworfen) liegend · **mānāre:** fließen · **oblīquus:** Gegenbewohner *(auf demselben Meridian, aber auf der südlichen Halbkugel wohnend)* · **trānsversus:** Nebenbewohner *(auf demselben Breitengrad, aber dem entgegengesetzten Meridian ansässig)* · **adversus:** Antipode *(„Gegenfüßler“, der auf dem entgegengesetzten Längen- und Breitengrad wohnt)*

21
redimere: umgeben · **cingulus:** Gürtel · **dīversus:** entfernt, entgegengesetzt · **caelī verticibus ... subnixus:** auf die Drehpunkte des Himmels *(um die der Himmel kreist)* sich stützend · **ex utrāque parte:** zu beiden Seiten · **obrigēscere,** -ō, -riguī: erstarren · **pruīna:** Eis, Reif · **ārdor:** Hitze · **torrēre:** austrocknen · **austrālis:** südlich · **in quō quī insistunt:** deren Bewohner · **adversa ... vestīgia urgēre:** „die Füße entgegenkehren“ *(gemeint sind die „Antipoden“)* · **nihil ad** ... (*erg.* pertinet): geht ... nichts an · **aquilōni subiectus** *(altlat.)*: gegen Norden zu gelegen · **verticēs:** Spitzen · **(parva) quaedam:** *5 · **circumfūsus:** umspült, umströmt · **tamen tantō nōmine:** trotz eines so bedeutsamen Namens

22
Ex hīs ... cultīs nōtīsque terrīs num ... ≈ Num ex hīs ... terrīs ...; **ex:** von ... aus · **Caucasum hunc ... illum Gangēn** *(griechischer Akk.)*: den Kaukasus hier ... den Ganges dort · **obīre** ≈

reliquis orientis aut obeuntis solis ultimis aut aquilonis austrive partibus tuum nomen audiet? Quibus amputatis cernis profecto, quantis in angustiis vestra se gloria dilatari velit. Ipsi autem, qui de nobis loquuntur, quam loquentur diu?

Quin etiam si cupiat proles illa futurorum hominum deinceps lau- **23**
des unius cuiusque nostrum a patribus acceptas posteris prodere, tamen propter eluviones exustionesque terrarum, quas accidere tempore certo necesse est, non modo non aeternam, sed ne diuturnam quidem gloriam adsequi possumus. Quid autem interest ab iis, qui postea nascentur, sermonem fore de te, cum ab iis nullus fuerit, qui
ante nati sunt? Qui nec pauciores et certe meliores fuerunt viri, **24**
praesertim cum apud eos ipsos, a quibus audiri nomen nostrum potest, nemo unius anni memoriam consequi possit. Homines enim populariter annum tantum modo solis, id est unius astri, reditu metiuntur; re autem ipsa cum ad idem, unde semel profecta sunt, cuncta astra redierint eandemque totius caeli descriptionem longis intervallis rettulerint, tum ille vere vertens annus appellari potest. In quo vix dicere audeo, quam multa hominum saecla teneantur. Namque – ut olim deficere sol hominibus exstinguique visus est, cum Romuli animus haec ipsa in templa penetravit, – quandoque ab eadem parte sol eodemque tempore iterum defecerit, tum signis omnibus ad idem principium stellisque revocatis expletum annum habeto. Cuius quidem anni nondum vicesimam partem scito esse conversam.

---

occidere · **aquilō,** -ōnis *m.:* Nordwind, Norden · **auster,** -stri: Südwind, Süden · **amputāre:** abschneiden · **quantīs in angustiīs:** auf wie engem Raum · **dīlātārī:** sich ausbreiten · **quam ... diū:** *Trennung (Tmesis) hebt das Wort hervor*

23
deinceps: der Reihe nach · **ēluviō:** Überschwemmung · **exustiō:** Brandkatastrophe, Weltbrand · **necesse est:** *gemeint ist* „mit Naturnotwendigkeit" · **nullus:** *erg.* sermō

24
ūnīus annī: *weist auf* vertēns annus *voraus, vgl. dazu unten* · **populāriter:** in gewöhnlicher Vorstellung · **tantum modo** ≈ modo: nur · **astrum:** Gestirn · **reditus sōlis:** Umlauf(zeit) der Sonne · **rē ... ipsā:** in Wahrheit (*Gegensatz zu* populariter) · **ad idem:** zum selben Punkt · **dēscriptiō:** *(von den Sternen:)* Bild, Konstellation · **ille:** *erg.* annus · **vertēns annus:** „das sich wendende Jahr"; *gemeint ist das „Weltjahr" (in der Lehre der Stoa), es ist vollendet, „wenn alle Sternbilder und Sterne an ihren Ausgangspunkt zurückberufen/zurückgekehrt sind" (s. u.:* tum – sīgnīs ... revocātīs – expl. ...) · **teneantur** ≈ contineantur: sind enthalten · **namque** ≈ nam · **Rōmulī animus:** *über Romulus' Apotheose vgl. 2,17* · **templa:** heilige (Himmels-)Bezirke · **penetrāre in ...:** hindurchdringen zu ... · **quandōque:** sooft, → **tum** · **ab eādem parte:** auf derselben Seite · **eōdemque tempore:** *gemeint ist* zur selben Tages- und Jahreszeit · **(tum ...) explētum annum (esse) habētō:** (dann) halte dafür/sei gewiß, daß sich das Weltjahr vollendet hat · **quidem:** *5 · **vicēsimam partem:** *nämlich des Weltjahres von 12000 irdischen Jahren (Tod des Romulus: 716, Jahr des Gesprächs: 149)* · **convertī** (≈ conversiōne cōnficī): *(von Zeitabschnitten)* ablaufen

25 *Die Belohnung des Staatsmanns im Jenseits*

Quocirca si reditum in hunc locum desperaveris, in quo omnia sunt magnis et praestantibus viris, quanti tandem est ista hominum gloria, quae pertinere vix ad unius anni partem exiguam potest? Igitur alte spectare si voles atque hanc sedem et aeternam domum contueri, neque te sermonibus vulgi dederis nec in praemiis humanis spem posueris rerum tuarum. Suis te oportet inlecebris ipsa virtus trahat ad verum decus. Quid de te alii loquantur, ipsi videant. Sed loquentur tamen. Sermo autem omnis ille et angustiis cingitur his regionum, quas vides, nec umquam de ullo perennis fuit et obruitur hominum interitu et oblivione posteritatis extinguitur.‘

26 Quae cum dixisset, ‚Ego vero,‘ inquam ‚Africane, siquidem bene meritis de patria quasi limes ad caeli aditum patet, quamquam a pueritia vestigiis ingressus patris et tuis decori vestro non defui, nunc tamen tanto praemio exposito enitar multo vigilantius.‘ Et ille: ‚Tu vero enitere et sic habeto: non esse te mortalem, sed corpus hoc. Nec enim tu is es, quem forma ista declarat, sed mens cuiusque is est quisque, non ea figura, quae digito demonstrari potest. Deum te igitur scito esse, siquidem est deus, qui viget, qui sentit, qui meminit, qui providet, qui tam regit et moderatur et movet id corpus, cui praepositus est, quam hunc mundum ille princeps deus; et ut mundum ex quadam parte mortalem ipse deus aeternus, sic fragile corpus
27 animus sempiternus movet. Nam quod semper movetur, aeternum est; quod autem motum adfert alicui quodque ipsum agitatur aliunde, quando finem habet motus, vivendi finem habeat necesse est. Solum igitur, quod se ipsum movet, quia numquam deseritur a se, numquam ne moveri quidem desinit. Quin etiam ceteris, quae

---

25
sunt ≈ posita sunt · **(quantī) tandem:** *5 · · **altē spectāre:** in die Höhe schauen · **contuērī** ≈ intuērī · **rēs tuae:** deine Lebensleistung · **inlecebrae:** Verlockungen · **decus,** -oris: *hier* Glanz, Schönheit · **angustiae regiōnum:** Enge der Gebiete · **perennis:** dauerhaft · **obruere:** verschütten · **oblivio:** Vergessen · **posteritās:** Nachwelt

26
egō vērō: gewiß, ich · **sī quidem:** *5 · **līmes,** itis *m. (poet.):* Bahn · **vestigiīs ingredī:** in die Fußstapfen treten · **dēesse (decorī):** sich versagen · **expositīs (praemiīs):** bei der Aussicht auf · **ēnītī:** sich bemühen · **vigilāns:** wachsam · **habēre:** festhalten (an dem Glauben) · **forma ista declārat:** deine Gestalt stellt dar · **mēns cuiusque is est quisque:** die Seele eines jeden ist sein Ich · **vigēre:** leben, Lebenskraft haben · **moderārī:** *2 · **prīnceps deus:** der höchste Gott *(vgl. § 13)* · **ex quādam parte:** zu gewissem Anteil, in gewisser Beziehung · **frāgilis** (*zu* frangere): zerbrechlich, vergänglich

moventur, hic fons, hoc principium est movendi. Principio autem nulla est origo; nam ex principio oriuntur omnia, ipsum autem nulla ex re alia nasci potest. Nec enim esset id principium, quod gigneretur aliunde; quodsi numquam oritur, nec occidit quidem umquam. Nam principium exstinctum nec ipsum ab alio renascetur nec ex se aliud creabit, siquidem necesse est a principio oriri omnia. Ita fit, ut motūs principium ex eo sit, quod ipsum a se movetur. Id autem nec nasci potest nec mori; vel concidat omne caelum omnisque natura et consistat necesse est nec vim ullam nanciscatur, qua a primo inpulsa moveatur. Cum pateat igitur aeternum id esse, quod a se ipso mo- **28**
veatur: quis est, qui hanc naturam animis esse tributam neget? Inanimum est enim omne, quod pulsu agitatur externo; quod autem est animal, id motu cietur interiore et suo. Nam haec est propria natura animi atque vis; quae si est una ex omnibus, quae se ipsa moveat, neque nata certe est et aeterna est.

Hanc tu exerce in optimis rebus! Sunt autem optimae curae de **29**
salute patriae, quibus agitatus et exercitatus animus velocius in hanc sedem et domum suam pervolabit idque ocius faciet, si iam tum, cum erit inclusus in corpore, eminebit foras et ea, quae extra erunt, contemplans quam maxime se a corpore abstrahet. Namque eorum animi, qui se corporis voluptatibus dediderunt earumque se quasi ministros praebuerunt inpulsuque libidinum voluptatibus oboedientium deorum et hominum iura violaverunt, corporibus elapsi circum terram ipsam volutantur nec hunc in locum nisi multis exagitati saeculis revertuntur.‘

Ille discessit, ego somno solutus sum.“

27
quodque ≈ et quod · **aliunde:** anderswoher · **quandō:** wenn · **patēre:** offenstehen, offenkundig sein · **ā sē:** von sich *(durch Eigenbewegung)* · **orīgō,** -inis: das Entstehen · **nec (occidit) quidem:** und auch nicht · **concidere:** zusammenstürzen · **consistere:** zum Stillstand kommen · **ā prīmō:** von Anfang an

28
inanimus: unbeseelt · **pulsus,** -ūs ≈ impulsus: Antrieb · **externus:** von außen · **agitāre:** an-, umtreiben · **ciēre,** -eō, cīvī, citum: erregen, in Bewegung setzen

29
exercitātus: *Part. Perf. zu* exercēre · **vēlōx,** *Gen.* vēlōcis: rasch · **pervolāre:** hin(auf) fliegen/streben · **ōcior:** schneller · **inclūdere:** einschließen · **ēminēre forās:** nach außen ragen · **sē abstrahere:** sich loslösen, sich trennen · **minister,** -tri: Diener · **ēlābī,** -or: entrinnen · **volūtāre:** flattern · **exagitāre:** umhertreiben · **ille:** *nämlich Scipio maior*

Lernwortschatz

1 *(Staat, Organisation des Staates)*

cīvitās	*(die von außen unabhängige)* Bürgerschaft, Bürgergemeinde, Polis
concilia coetūsque hominum iūre sociātī, quae cīvitātēs appellantur	aufgrund des Rechts gebildete Versammlungen und Zusammenkünfte der Menschen, die man Bürgerschaften nennt
populus	(Staats-)Volk *(als Gesamtheit der Bürger)*
rēs pūblica	Angelegenheit/Interesse/Besitz des Volkes, politische Gesamtlage, Gemeinwesen ≈ Staat
status, ūs *m.*	(gesicherter) Bestand, Zustand
in hōc statū reī pūblicae ... erat penes prīncipēs tota rēs pūblica.	Bei diesem Zustand des Gemeinwesens ... lag das Gemeinwesen (≈ die Lenkung des G.) ganz in Händen der führenden Männer.
cōnstitūtiō	Ordnung, (staatliche) Organisation
omnis cīvitās, quae est cōnstitūtiō populī	jede Bürgerschaft, die eine Organisation des Staatsvolkes darstellt
(cōnstituere:) bene cōnstitūta cīvitās pūblicō iūre et mōribus	eine aufgrund von staatlichem Recht und (privater) Gesittung gute Gemeindeverfassung
disciplīna	Ordnung(swille); Verfassung; Unterricht, Philosophieschule
discrīptiō	Einteilung, Verteilung; (staatliche) Ordnung (≈ Verfassung)
discrībere (cīvitātibus iūra)	einteilen, gliedern; zuteilen
genus reī pūblicae (cōnformātiō/forma/modus/speciēs reī p.)	Form des Gemeinwesens, Verfassungsform
g. simplex reī p.	reine Verfassung(sform)
g. moderātum et permixtum reī p.	in ausgewogenem Verhältnis gemischte V.
cīvitās populāris, rēs pūblica populāris, līber populus	*Umschreibungen der Demokratie*

2 *(Bestand und Wandel des Staates)*

cōnsilium	1. (überlegene) Vernunft; Vernunftteil der Seele 2. (politisches) Planen, (vernünftige) Entscheidung 3. Ratsversammlung, Rat *(als polit. Organ)*
cōnsilium et disciplīna	politische Vernunft und Ordnungswille
cōnsilium et opera	Rat und Tat
rēgium cōnsilium	der königliche Rat

rēctor (reī publicae)	Lenker des Gemeinwesens
gubernāre	steuern, lenken
gubernātor	Steuermann, Staatsmann
gubernātiō	Lenkung, Steuerung
gubernācula, ōrum *n. pl.*	Steuerruder, Staatsruder
cōnservāre	retten, erhalten
cōnservātor	Retter, Erhalter
tūtor (*zu* tuēri)	Vormund, Beschützer
moderārī	einrichten, (mit Augenmaß) lenken, ordnen
moderātor	Lenker
orbis, is *m.*	Kreis, Kreislauf, Umlauf (*der Gestirne*)
circuitus, ūs *m.*	Umlauf, Kreislauf
orbēs et quasi circuitūs in rēbus pūblicīs commūtātiōnum et vicissitūdinum	Perioden, d. h. gleichsam Umläufe bei den Veränderungen und dem Wechsel in den Gemeinwesen
(com)mūtāre	verändern
(com)mūtātio	Veränderung (*im Sinne einer Evolution*)
conversiō	Umwälzung, Umsturz (*Revolution*)
nōn est causa . . . conversiōnis, ubi in suō est quisque gradū firmiter collocātus.	Es gibt da keinen Grund zu einer (politischen) Umwälzung, wo ein jeder in seinem Stand eine feste Stellung hat
convertī, or	umgewälzt werden, sich umkehren
quod . . . illa prima (genera) facile in contrāria vitia convertuntur	weil . . . jene ersten (Verfassungsformen) leicht in die ihnen entgegengesetzten Entartungsformen umschlagen
labefactāre	erschüttern, gefährden
sēcessiō (*zu* sēcēdere)	Auszug, Emigration
sēcessiō plēbis in montem Sacrum / in Aventīnum	*historische Beispiele des politischen Generalstreiks*
sēditiō (*aus* sē *und* īre)	(Auseinandergehen) Aufruhr, Meuterei

3 *(Macht und Gesellschaftsordnung)*

auctōritās (*zu* augēre)	Vollmacht, Ansehen
auspicia, ōrum *n. pl.*	Befugnis zur Vogelschau, Oberbefehl
auspicātō *(Adv.)*	nach Durchführung der Vogelschau, unter günstigem Vorzeichen
patrōcinium (*zu* patrōnus)	Schutz, Beistand (*durch einen* patronus *für die* clientes); Verteidigung *(vor Gericht)*
clientēla (*zu* cliēns)	(*Verhältnis zwischen* patronus *und* clientes), Schutzverwandtschaft, Gefolgschaft
negōtium	Tätigkeit (als Politiker, Militär), Staatsgeschäft(e)
ōtium	Freisein von (politischer) Tätigkeit, Muße

dominus	*(im polit. Kontext speziell:)* Gewaltherrscher, Tyrann
dominārī	herrschen (als Gewaltherrscher)
dominātiō / dominatus, ūs	Gewaltherrschaft, Tyrannei
imperium	Amtsgewalt *(in bezug auf ein bestimmtes Staatsamt); (milit.)* Befehlsgewalt *(der Konsuln und Prätoren);* Herrschaft, Reich
opēs, um *f. pl.*	Machtmittel, Hilfsquellen
potentia	(tatsächlich vorhandene) Gewalt, Macht
potestās	Amtsgewalt, Verfügungsgewalt
p. vītae necisque	Gewalt über Leben und Tod
aequitās	Gleichheit, Gerechtigkeit; Gerechtigkeitssinn
aequābilitās	Gleichmäßigkeit, Gleichförmigkeit, Überparteilichkeit

4 *(Römische Lebenswerte und deren Gefährdung)*

bonus (et fortis)	gutgesinnt (und tatkräftig), *d. h. konservativ*
māgnus animus	hohe Gesinnung, Seelengröße
prūdēns (*aus* providēns)	klug, lebenserfahren
sapientia	Weisheit; Klugheit; Gerissenheit
rēligiō	Gottesfurcht, Aberglaube; religiöser Brauch
dēdecus, oris *n.* (*zu* decus)	Schande, (sittliche) Verwerflichkeit
frēnāre	zügeln, bändigen (*zu* frēnum: Zügel)
effrēnātus / ecfrēnātus	zügellos, entfesselt
īnsolentia (*zu* solēre)	(das Ungewohnte:) Übertreibung; Unverschämtheit, Dreistigkeit
īnsolēns, *Gen.* -ntis	(ungewohnt:) übertrieben; dreist, unverschämt
vāstus, a, um	wüst, entsetzlich
īmmānitās (*zu* immānis)	ungeheuere Größe, Unmenschlichkeit, Furchtbarkeit
bēlua	großes/gefährliches Tier (z. B. Elefant, Wolf), Ungeheuer, Ungetüm

5 *(Gespräch und Argumentation)*

dēfīnīre	(eingrenzen:) feststellen, (logisch) bestimmen
persequī	verfolgen, (eingehend) behandeln
ōmittere / praetermittere	übergehen, unerwähnt lassen
positum esse in aliquā rē	auf etw. beruhen, in etw. begründet sein

(Frage – Bestätigung)

quī?	wie? inwiefern?
(quis) **tandem?**	(wer) eigentlich?
vērō	wahrhaftig, ja
scīlicet (*aus* scīre licet)	natürlich, selbstverständlich *(oft ironisch);* leider, freilich
vidēlicet (*aus* vidēre licet)	natürlich, selbstverständlich *(oft ironisch);* nämlich *(erklärend)*
prorsus *(Adv.)*	durchaus, völlig
omnīnō	ganz und gar, überhaupt
omnīnō – sed	grundsätzlich ... aber ..., zwar ... aber ...
rītē	gebührend, mit Recht
sānē (bonus)	sehr, überaus (gut)
— *(in Antworten)*	allerdings, jawohl
sit sānē ... *(konzessiv)*	mag immerhin ... sein

(Einschränkung – Verstärkung)

ferē, fermē *(meist nachgestellt)*	etwa, in der Regel, gewöhnlich
quidem	sicherlich, gerade; aber freilich
sī quidem	wenn wirklich
quidem ... sed ...	zwar ... aber ...
quamquam *(correctivum, einen Hauptsatz einleitend)*	indessen, freilich
sī modo	wenn nur, wenn überhaupt
ipse, ipsa, ipsum	*als Ausdruck der Betonung:*
ipsum (nōmen indicat ...)	allein schon (der Name zeigt ...)
quīdam, quaedam, quoddam *nach Adj.*	ganz
nātūrālī quōdam itinere	auf ganz natürlichem Wege

Quellenangaben zur „Einführung“

S. 4: (1) Cic. Brut. 306ff.; bes. 318 und 322 (2) Cic. orat. 11–19. 113–119; de or. 1,80–95. 219–234
S. 5: (3) Cic. Att. 4,6,2 (4) de or. 3,13f.
S. 6: (5) Cic. ad Qu. fr. 2,5,3; fam. 1,9,17ff. (6) Cic. prov. cons. 22f.; 27f. (dies empfand er allerdings bald darauf als für ihn wenig rühmlich : ad. Att. 4,6,2; 4,5,1) (7) Cic. ad Qu. fr. 2,5,2; vgl. fam. 1,9,17ff. (8) Cic. off. 1,35 und dazu H. Bengtson, Römische Geschichte, S. 120; J. Vogt, Römische Geschichte, S. 189; vgl. off. 2,26ff. (9) Pol. 32,9,6–10,22
S. 9: (10) Vor allem in *De civitate Dei* des Augustinus (354–430) und den *Institutiones divinae* des Lactantius (250 ? – 317?); beide stammten übrigens aus der provincia Africa.
S. 10: (11) z.B. Cic. Catil. 3,1. 4,24; red. ad Quir. 14; leg. 3,41; Phil. 14,37 u.a. (12) z.B. Plautus, Poen. 524: *re tranquilla* – als das Gemeinwesen Frieden hatte. (13) rep. 3,33; ein stoischer Gedanke; zu Gesetzen – Tugend – Gott – Ausrichtung der Vernunft auf Gott: vgl. Plat. leg. 614a, 713d, 771a. (14) Aristot. Pol. 1281 a 9ff. (15) NE 1131 a 14–b 16
S. 12: (16) Vgl. Xen. mem. 4,6,12; Plat. polit. 291a; Aristot. Pol. 1285 a 24–29 (17) Vgl. Solon: anomia = Gesetzlosigkeit führt zur Tyrannis; Plat. rep. 544a; auch 449a (andeutungsweise); leg. 677 a ff., 709 a ff.; polit. 291 d–e; dagegen Aristoteles' Kritik (1316 a 1 ff., bes. 25ff.) – Polybios 6,47 verspricht eine vereinfachte Darstellung gegenüber Platon; er stützt sich wohl auf Peripatetikerreferat des 2. Jahrhunderts, nicht auf eigene Platonlektüre. (18) Thuk. 8,97,2 (19) Plat. Menexenos 286c (20) Plat. leg. 693 d 6–9 (21) Aristot. Pol. 1297 a 6f.: „Je ... besser die Verfassung gemischt ist, desto dauerhafter ist sie.“ – Zum Mittelstand: Pol. 1304 a 38ff. u. bes. 1295 b 1–9, 39f. (22) Cic. ad Att. 2,12,4
S. 13: (23) Pol. 2,38; 10,3,7. 9,2; 11,16,4; 15, 21,3; 18,28,5 (24)Verg. Aen. 1,257ff.; 3,376ff.; 5,700–718; 12,819ff. (25) Cic. rep. 2,2. 30; Aristot. Pol. 1252 a 24–26 (26) Die Funktion von *natura* und *ratio* ist das Grundthema des 2. Buches; zur philosophischen Sicht vgl. bes. rep. 2,67 *(naturae imago)*. (27) rep. 1,41; 2,45.56.58ff.; vgl. Aristot. Pol. 1252 a 24–31
S. 14: (28) Pol. 6,9,12–14 (ein stoisch beeinflußter Gedanke); vgl. Plat. rep. 546 a (29) Cic. rep. 3,41; 3,34; vgl. Rabir. 33; ähnlich Tac. ann. 3,63,3 u.a. (30) Lact. epit. 33 (38), 1–5 (31) Cic. rep. 2,21f.; 52 (32) rep. 2,22 (33) Cic. Catil. 4,18; Liv. 5,52,7 (34) Verg. Aen. 1,274f.; 6,851ff.; vgl. Tac. hist. 1,84,4 (35) Cic. har. resp. 19 (≈ Poseidonios?); E. Buchner, Die Sonnenuhr des Augustus, Mainz 1982 (36) apol. 32,1 (Übersetzung C. Becker)

zu S. 71

Cicero, Staatstheoretische Schriften, lat. u. dt. von Konrat Ziegler, Berlin (Akademie-Verlag) 1974, S. 193–197

Bildnachweis

1 o. und mi.: aus F. Coarelli, Rom, Herder Verlag Freiburg; u.: Alinari
2 aus: M. Tulli Ciceronis scripta fasc. 39, Teubner Verlag Leipzig
3 a–f: Hirmer
4 u. 5: Archiv A. Steinmeyer, Stuttgart
6 Klett-Archiv
Umschlag vorn: SCALA